親権の行使とその可罰性

杉本拓海 著

成 文 堂

はしがき

　本書は、2020年3月に京都大学大学院法学研究科に提出された博士学位請求論文（「子に対する体罰・懲戒とその可罰性について」）をもととした既発表の論文「親の子に対する措置とその可罰性について（一）〜（四）・完」法学論叢190巻2号、3号、5号、191巻1号（2020年〜2021年）及び、既発表の判例研究（立命館法学407号（2023年）519頁以下）をもととしている。今回、単著として刊行するにあたって、原論文執筆以降の一連の民法改正及び裁判例についての記述を追加するとともに、教師の懲戒権について検討する章を新たに加え、全体として再編成した。また、筆者の主張の中核部分の理論構成に概ね変更はないものの、親権をめぐる社会の状況の変遷に伴い筆者の問題意識は原論文執筆時から現段階にかけて変化しており、結果として本書の全体を貫く意識が原論文とは些か異なるものとなっている。

　本書は、子への監護や教育の場面で行われる措置が可罰的と判断される範囲の限界について考察しようとするものである。博士後期課程において本研究を開始した当初、まだ民法には懲戒権規定が存在しており、また、体罰を禁止する明文の規定はなかった。その中で「社会的相当性」という言葉がときとしてマジックワードのように用いられることで子への体罰が一定程度正当化されることに筆者は疑問を抱いていた。しかし、研究を進めるうちに児童虐待防止法が改正され、民法改正が行われ、体罰禁止の明文化と懲戒権規定の削除がなされた。そして、処罰する必要があるのか疑問に思う軽微な事件が起訴され、「社会通念上相当な行為」とはいえないとして有罪と判断されるに至った。本研究は、このように社会的に相当とされるものが大きく変遷しつつある過渡期において、子育ての場面における措置として許される範囲の限界とその理由を、「社会的相当性」という言葉を使うことなく可能な限り言語化して明らかにしようという試みである。筆者の非力故になお不十分な箇所も残る内容ではあるが、本書の刊行により些かなりとも刑法学の発展、そして間接的にでも子育ての推進を課題とする社会に貢献することができるのであれば、この上なく幸いである。

本書をこうして刊行させることができたのは、非常に多くの方々の学恩によるものである。

まず、恩師である髙山佳奈子先生に心からの感謝を捧げたい。振り返ってみれば、学部生の頃から現在に至るまで、順調な道のりばかりではなく、むしろ困難に直面することも多々あった。先生はそんな私をいつも優しく見守ってくださり、失敗したときには温かい励ましの言葉をかけてくださった。また、先生は従来の刑法学研究から少し離れたところにある私の関心を尊重し、さらにそれをより適切な方向へと導いてくださった。先生の慈愛に満ちたご指導がなければ、ここまで続けることもできなかっただろう。

次に稲谷龍彦先生。最初に研究者への道を進むという気持ちを持つきっかけを与えてくださったのは、京都大学法学部における先生の法学政治学英語Ｂの授業であった。当時学部二回生だった私にとって、先生の授業は非常に刺激的なものであった。授業後に貴重なお時間を割いて様々な疑問に丁寧にご対応いただく中で、先生のように現実社会の在り方に対して法を道具として用いてアプローチする研究者になりたいという気持ちが芽生えた。自身が当時の先生の年齢に近づくにつれ、先生の背中はより大きく映り、憧憬の念は大きくなるばかりである。

京都大学大学院法学研究科においては、非常に恵まれた環境の中で多くの先生方からご指導ご鞭撻をいただいた。とりわけ、刑法のスクーリング等で刺激的で有益なご指導をいただいた塩見淳先生、安田拓人先生、刑事訴訟法のスクーリング等で貴重なご教示をいただいた堀江慎司先生には、心から感謝申し上げる。

また、学部生の頃から大変お世話になっている立教大学法学部教授の深町晋也先生にも厚くお礼申し上げたい。先生もまた学部生の頃の私には眩しい存在であり、今も私の灯台である。

ここに名前を挙げさせていただいた先生方の他にも、非常に多くの方々のお世話になっている。皆様に心からお礼申し上げたい。本来は個別にお名前を挙げて感謝を示すべきであることは承知しているし、本心としては（お名前を挙げさせていただいた先生方についても）個々の具体的なエピソードを添えて詳細に感謝をお示ししたいのであるが、おそらくそれだけで一冊の本となっ

てしまう。このような感謝の表記にとどまってしまうことをお赦しいただきたい。このはしがきの執筆にあたって、これまでにいただいた学恩を振り返るなかで改めてその大きさを痛感した。少しでも報いるためにも、今後も努力を重ねていかなければならない。

　また、本書を刊行するにあたって出版を引き受けてくださった成文堂の阿部成一社長、そして編集を担当してくださり大変お世話になった篠崎雄彦氏に厚くお礼申し上げる。

　最後に、京都大学特定助教の吉内佑実さんには、本研究を進める上で契約法分野に関する有益な助言等様々にご助力をいただいた。心からの感謝を申し上げたい。

　　2024年1月

　　　　　　　　　　　　雪の積もった京都にて

　　　　　　　　　　　　　杉　本　拓　海

［付記］本研究の一部は、JSPS 科研費21K13204の助成を受けた成果である。また、本書は令和6年度京都大学大学院法学研究科附属法政策共同研究センター出版助成（若手研究者）事業の補助を受けて刊行したものである。記して謝意を表する。

目　次

はしがき（i）

はじめに………………………………………………………………… 1

第1章　我が国における議論

第1節　刑法35条による正当化……………………………………… 3

第2節　民法上の「懲戒権」、「親権」………………………………… 4

第1款　旧民法における懲戒権……………………………………… 4

第2款　明治民法における懲戒権…………………………………… 6

第3款　平成23年改正前の懲戒権…………………………………… 7

第4款　平成23年改正………………………………………………… 8

第5款　前民法に関する議論………………………………………… 10

第6款　児童虐待防止法の改正……………………………………… 11

第7款　令和4年の民法改正（親権・懲戒権規定）の経緯……… 13

第8款　懲戒権規定の削除と民法821条（子の人格の尊重等）
　　　　　　…………………………………………………………… 19

第1項　懲戒権規定の削除（19）
第2項　民法821条（子の人格の尊重等）（20）
第3項　民法821条の小括（23）

第9款　親権・監護教育権…………………………………………… 25

第1項　親権の義務性（25）　　第2項　誰に対する義務か（27）
第3項　監護及び教育の意義（28）
第4項　監護及び教育の意義についての検討・考察（29）

第10款　親権の行使として許容される範囲の逸脱と刑法上の
　　　　　　違法性の阻却…………………………………………… 30

第3節　被害者の承諾による構成……………………………………… 32

vi　目　次

第4節　親の監護教育上の措置の可罰性の範囲に影響を
　　　及ぼしうる事項‥‥‥‥‥‥‥‥‥‥‥‥‥‥‥‥‥‥‥‥ 33

第5節　小　括‥‥‥‥‥‥‥‥‥‥‥‥‥‥‥‥‥‥‥‥‥‥‥‥ 35

第2章　教師の懲戒権

第1節　教師の懲戒権と体罰‥‥‥‥‥‥‥‥‥‥‥‥‥‥‥‥ 37

第1款　教師の懲戒の意義‥‥‥‥‥‥‥‥‥‥‥‥‥‥‥‥ 37

第2款　教師の体罰の意義‥‥‥‥‥‥‥‥‥‥‥‥‥‥‥‥ 38

第3款　戦前・戦後における教師の懲戒権及び体罰禁止規定
　　　　‥‥‥‥‥‥‥‥‥‥‥‥‥‥‥‥‥‥‥‥‥‥‥‥‥‥ 39

第2節　親の懲戒権と教師の懲戒権‥‥‥‥‥‥‥‥‥‥‥‥ 41

第1款　裁判例からみる親の懲戒権と教師の懲戒権の関係性
　　　　‥‥‥‥‥‥‥‥‥‥‥‥‥‥‥‥‥‥‥‥‥‥‥‥‥‥ 41

第2款　学説からみる教師の懲戒権の法的根拠と親の懲戒権
　　　　の関係性‥‥‥‥‥‥‥‥‥‥‥‥‥‥‥‥‥‥‥‥‥‥ 43

第1項　教師の懲戒権は何に由来するか（43）

第3節　裁判例における懲戒権と体罰の範囲‥‥‥‥‥‥‥ 54

第1款　大阪高裁昭和30年5月16日判決（刑事事件）‥‥‥‥‥ 54

第2款　東京高裁昭和56年4月1日判決（刑事事件）‥‥‥‥‥ 55

第3款　最高裁平成21年4月28日判決（民事事件）‥‥‥‥‥ 57

第4款　桜宮高校体罰死事件‥‥‥‥‥‥‥‥‥‥‥‥‥‥‥ 61

第5款　平成24年以降の裁判例の傾向‥‥‥‥‥‥‥‥‥‥ 61

第4節　小　括‥‥‥‥‥‥‥‥‥‥‥‥‥‥‥‥‥‥‥‥‥‥‥‥ 65

第3章　ドイツにおける議論

第1節　本章の目的‥‥‥‥‥‥‥‥‥‥‥‥‥‥‥‥‥‥‥‥ 67

第2節　懲戒権に関する民法改正とその経緯‥‥‥‥‥‥‥ 68

第3節　2000年改正民法1631条2項‥‥‥‥‥‥‥‥‥‥‥ 70

目　次　vii

第1款　民法1631条2項1文 ……………………………………… 70

第2款　民法1631条2項2文 ……………………………………… 72

　　第1項　体罰（72）　　第2項　精神的侵害（72）

　　第3項　その他の屈辱的な措置（73）

第4節　懲戒権に関する学説上の解決策及びその批判…… 74

第1款　民法1631条2項を基本法違反により無効とする見解
　　　　…………………………………………………………… 74

　　第1項　見解（74）　　第2項　批判（74）

第2款　親の措置が「屈辱的」である場合のみ構成要件該当性
　　　　を認める見解 ……………………………………………… 75

　　第1項　見解（75）　　第2項　批判（77）

第3款　親の措置の目的を教育目的と監護目的に分ける見解
　　　　…………………………………………………………… 78

　　第1項　見解（78）　　第2項　批判（80）

第4款　緊急避難（刑法34条）による違法阻却を認める見解
　　　　…………………………………………………………… 81

　　第1項　見解（81）　　第2項　批判（82）

第5款　刑事不法阻却による解決を図る見解 ………………… 83

　　第1項　見解（83）　　第2項　批判（85）

第6款　手続的解決を図る見解 ………………………………… 86

　　第1項　見解（86）　　第2項　批判（86）

第5節　各見解の分析と日本法への示唆 ………………… 87

第1款　Noak の見解について ………………………………… 87

第2款　Beulke の見解について ……………………………… 88

第3款　Hoyer の見解について ………………………………… 89

第4款　Heinrich の見解について …………………………… 91

第5款　Günther の見解について …………………………… 92

第6款　手続的解決を図る見解について ……………………… 94

第6節　小　括 …………………………………………………… 94

viii　目　次

第4章　体罰・懲戒等の措置とその可罰性

第1節　本章の目的 …………………………………………………… 97

第2節　監護目的と教育目的 ………………………………………… 98

第3節　Hoyer への批判の回避と監護目的・教育目的に関する私見 …………………………………………… 100

第1款　「監護」「教育」の定義及び分類に関して …………… 100

第2款　体罰の相対化が立法者の意思に反するとの批判に関して ……………………………………………………………… 101

第3款　「監護」「教育」と「監督」との関係 ………………… 102

第4款　監護・教育の区分についての本稿の立場によるケースの分類 ……………………………………………… 106

第4節　監護教育権の行使による違法性の阻却と親権者の主観 …………………………………………………… 108

第1款　監護教育権の行使による違法性の阻却 …………… 108

第2款　親権の行使と親権者の主観 ………………………… 109

第5節　「体罰」該当性について ………………………………… 112

第1款　体罰の意義 …………………………………………… 112

第2款　体罰該当性についてのケースの検討 ……………… 114

第6節　監護・教育に必要な範囲外の軽微な措置について …………………………………………………………… 115

第1款　構成要件段階での可罰的違法性について …………… 115

第2款　監護・教育目的と可罰的違法性 …………………… 116

第3款　違法性段階での可罰的違法性の阻却（超法規的違法阻却事由）について ……………………………… 118

第7節　監護・教育の範囲に関して ……………………………… 119

第1款　監護・教育目的がもたらす効果 …………………… 119

第2款　監護及び教育に必要な範囲 ………………………… 121

第1項　民法820条と正当行為による違法阻却 (122)

第2項　精神的苦痛を与える措置とそれによって侵害される利益 (123)

目　次　ix

第3項　監護・教育による利益と義務 (128)

第4項　監護及び教育に必要な範囲の判断 (130)

第8節　責任に関する若干の検討 ………………………… 131

第9節　小　　括 ………………………………………… 132

第5章　子に対する軽微な有形力行使に関する近時の裁判例の傾向

第1節　本章の目的 ………………………………………… 135

第2節　暴行罪の構成要件該当性と違法阻却事由 ……… 135

第1款　暴行罪の構成要件該当性 ……………………… 135

第1項　暴行罪における暴行の意義 (135)

第2項　軽微な有形力行使についての学説 (136)

第2款　正当行為としての有形力の行使 ……………… 137

第3款　考慮要素の判断位置についての裁判例の傾向
　　　　──構成要件か違法性か ……………………… 137

第1項　有形力の行使に関する裁判例の傾向 (137)

第2項　裁判例の傾向についての若干の検討 (140)

第3節　裁判例における構成要件該当性の判断について
　　　　………………………………………………………… 141

第1款　幼児に対する有形力行使が問題となったAグループに
　　　　属する近時の裁判例 ……………………………… 141

第1項　赤の他人が注意のために有形力を行使した事案：福岡高裁令和
　　　　3年判決 (141)

第2款　幼児に対する有形力行使が問題となったBグループに
　　　　属する近時の裁判例 ……………………………… 144

第1項　保育士が監護及びしつけの目的で有形力を行使した事案：福岡
　　　　地裁令和4年5月10日判決、福岡高裁令和4年12月7日判決
　　　　(144)

第2項　父親がしつけ目的で有形力を行使した事案：仙台地裁令和2年
　　　　判決 (145)

第3項　母親が監護名目で有形力を行使した事案：東京地裁立川支部令
　　　　和4年3月17日判決、東京高裁令和4年9月30日判決 (146)

x　目　次

第4節　裁判例における違法阻却事由の判断について … 151

第1項　保育士が監護及びしつけの目的で有形力を行使した事例：福岡
　　　　地裁令和4年判決、福岡高裁令和4年判決 (152)

第2項　父親がしつけ目的で有形力を行使した事案：仙台地裁令和2年
　　　　判決 (153)

第3項　母親が監護名目で有形力を行使した事例：東京地裁立川支部令
　　　　和4年判決、東京高裁令和4年9月30日判決 (154)

第5節　小　括 …………………………………………………… 158

おわりに …………………………………………………………… 161

はじめに

　大人が子供に平手打ちをした場合、通常であれば暴行罪が成立するであろう。しかし、加害者が親の場合はどうだろうか。「しつけ」という名目において行われている暴行が見逃されてきたのではないだろうか。子育ては家庭という密室で行われるものであるため、犯罪の温床になりかねず、親による暴力に対しては行政による適切な介入が必要となる。一方で、およそ全ての有形力の行使にあたる親権者の行為につき刑法犯が成立した場合、法が過度に家庭に干渉することとなり、健全な子育てに支障を来すであろう。親が「犯罪者」となった場合、子の生活基盤や将来に与える影響は甚大である。例えば一回の軽度の平手打ちのみで親が犯罪者として処罰されるようなことがあれば、子の受けることとなる不利益は計り知れないだろう。

　また、親による不適切な措置は暴行によってのみ引き起こされるわけではない。食事を与えない、自宅や車に閉じ込めて子供を放置するなどの親の行為が深刻な結果を引き起こした事件も報じられている。

　すべての体罰を行った親が犯罪者として処罰されるのは妥当ではなく、一方で有形力の行使以外の親の措置ならば犯罪が成立しないとするのもまた妥当ではない。

　このような観点から、どのような親の措置が、どの程度までいかなる理由により正当化されるかを明らかにする必要がある。そうすることにより、行政が介入する際の指針となり、また、親がどの程度までの「しつけ」をしても許されるかの指針となるであろう。

　かつては父親が一家の頂点であり、子に対する懲戒ができることは当然のこととされ、明治維新以前は殺害することまで許容されたこともあったが、時代が変わり、子供の権利が正当に評価され、尊重されるようになってきている。それは、後に見るように立法にも反映されてきているものといえる。また、国際的な流れにおいても、あらゆる形態の身体的、精神的な暴力等を禁止する措置を締結国に要求する「児童の権利に関する条約」19条1項が196か国の批准を集めているのをはじめ、EUでは27か国中23か国で暴力を

禁止する立法がなされている。このような流れにおいて、我が国においても従来の価値観からの変容が迫られているといえるだろう。

なお、本稿は過度の処罰範囲の拡大や厳罰化を企図するものではない。刑事罰を実際に科すべきか否かという政策的な問題と理論的に刑法犯にあたりうるか否かはまた別の問題である。本稿は、刑法犯にあたりうる範囲を少しでも明確にすることにより、虐待等の問題解決のカードを増やすことを志すと同時に、処罰範囲が過度に拡大することの防止を狙いとするものである。

本稿においては子に対する体罰・懲戒等の親の措置とその可罰性について、以下の順序で検討することとする。

まず、第1章では我が国における刑法35条による違法阻却と民法上の親権・懲戒権に関連する議論を検討する。

続いて、第2章では、懲戒権規定の残る教師による措置について検討し、親権者の措置について議論するための土台とする。

そして、第3章では、2000年にはすでに体罰の禁止が民法上規定されているドイツの議論について検討し、問題点を指摘する。

次に、第4章においてこれまでの議論を参照し、子に対する体罰・懲戒等の親の措置とその可罰性及び範囲について論じることとする。

最後に、第5章では子に対する有形力行使が問題となった近時の裁判例の分析し、今後の議論のための基礎を得るべく、その傾向と問題点を指摘する。

第1章

我が国における議論

第1節　刑法35条による正当化

　かつて、我が国では、親権者の懲戒行為については、刑法35条の正当行為のうちの法令行為として、親の懲戒権を規定していた令和4年改正前民法822条（以下「前民法」とする。懲戒権規定は現在削除されている）が許容する範囲で違法性が阻却されるものとされてきた[1]。そして、民法には親の懲戒行為が許容される限界についての基準は存在しておらず、親の懲戒行為が民法上どこまで許容されるかについては慣習に基づいて判断されてきた。そのため、前民法822条を根拠とする法令行為として刑法35条によって違法性が阻却される限界も慣習[2]に委ねられる[3]とされてきたのである。

　したがって、懲戒の目的をもってなされた当該行為の違法性が阻却されるか否かについては、「具体的事情の下で、監護・教育上の見地からみて、懲戒の手段として社会的に相当であるかどうかを判断」[4]することとなり、ごく軽い体罰は許されるものの、傷害を与えるような体罰は懲戒の手段として

---

1) 荘子邦雄『刑法総論〔第三版〕』（青林書院、1996年）275頁、団藤重光『刑法綱要総論〔第三版〕』（創文社、1990年）203頁等。

2) 荘子邦雄『刑法総論〔初版〕』（青林書院、1969年）322頁は「現今の慣習でも、親が子を懲戒するため、子に対して軽度の段打をくわえ、短時間密室に監禁する行為を行うことは、教育上の処置として許容されている」とする。

3) 荘子・前掲注2）　322頁、大塚仁ほか編著『大コンメンタール刑法〔第三版〕第2巻』（青林書院、2016年）370頁〔小林公夫〕。

4) 団藤重光編『注釈刑法（2）のＩ』（有斐閣、1968年）102頁〔福田平〕。なお、京都地判昭和47年1月26日・刑裁月報4巻1号189頁は「およそ親権を行う者は、その子の悪癖等を矯正するため、段る、捻るなど適宜の手段方法を用いて、その身体に対し或程度の有形力を行使する等の措置に出ることは、法が親権者に懲戒権を認めた趣旨に鑑みて許されるものと解すべきである。しかし、手段方法の程度は、その親子の境遇、子の年齢、性格、体質、悪癖の種類および態様等個々の具体的事情に依拠して、社会通念上相当と認められる範囲のものでなければならない」とする。

相当ではないため違法である[5]とされていた。

令和4年、「民法の一部を改正する法律」（令和4年法律102号）により懲戒権規定は削除されたものの、子育てに必要な行為については民法820条の親権を根拠として行うことが可能であり、今後は親権に基づく行為として刑法35条による正当化の可否が判断されることとなる。

そこで、以下では刑法上正当行為として違法性が阻却される限界を探究するために、親権（および懲戒権）について検討する。

第2節　民法上の「懲戒権」、「親権」

私法上の懲戒権は慣習に基づくものであり、そうであれば時代や社会とともに慣習が変わりゆくように、懲戒権も変わりゆくものであった。現に懲戒権の規定は、平成23年に改正され、さらに令和元年6月20日、懲戒権が虐待を正当化するための口実に利用されることがあるとして、当時の山下法務大臣が懲戒権の削除も視野に入れた民法の規定の見直しを法制審議会の臨時総会で諮問し[6]、令和4年12月16日に「民法の一部を改正する法律」が施行され、懲戒権規定は削除された。本節では、まず、懲戒権及び親権に関する議論の変遷を概観する。

第1款　旧民法（明治23年法律第98号）における懲戒権

旧民法人事編

151条　父又ハ母ハ子ヲ懲戒スル権利ヲ有ス但過度ノ懲戒ヲ加フルコトヲ得ス

152条　**1項**　子ノ行状ニ付キ重大ナル不満意ノアルトキハ父又ハ母ハ区裁判所ニ申請シテ其子ヲ感化場又ハ懲戒場ニ入ルルコトヲ得

2項　入場ノ日数ハ六个月ヲ超過セサル期間内ニ於テ之ヲ定ム可シ但父又ハ母ハ裁判所ニ申請シテ更ニ其日数ヲ増減スルコトヲ得

3項　右申請ニ付テハ総テ裁判上ノ書面及ヒ手続ヲ用ユルコトヲ得ス

5）『注釈刑法（2）のI』102頁〔福田平〕。

6）日本経済新聞（2019年6月20日）。

4項 裁判所ハ検事ノ意見ヲ聴キテ決定ヲ為ス可シ父、母及ヒ子ハ其ノ決定ニ対シテ抗告ヲ為スコトヲ得

　懲戒権は父母が子を教育する義務を尽くすための手段として認められた[7]。旧民法においても親権は子の利益のために親に認められたものであった。しかし、明治23年公布の旧民法の制定が議論された当時の日本においては、当時の慣習[8]から親権を親の利益のために認められたものであると誤解し、過度に残酷な懲戒をすることをはばからない者がよくみられたため、151条の本文によって懲戒権を親に認めると同時に、ただし書によって法律上過度の懲戒を禁じることとなった[9]。ここでは、継父継母による過度の懲戒が主に危惧されていた[10]。

　どのような懲戒が「過度」にあたるかについては国の風俗及び開化に関する問題であり、裁判官の判断に一任されると考えられていた[11]。編纂委員の1人であった岸本辰雄は子に食物を与えずに飢えさせることや寒い夜に子に十分な衣服を着させずに寒さで泣かせるようなことは過度の懲戒にあたるが、一時的な外出禁止や一室に拘禁するようなことは過度の懲戒にはあたらないと考えていた[12]。

　感化場及び懲戒場へと子を入れることを認める旧民法152条は、「尋常の懲戒」で子が改心しない場合の一層厳酷な処分として規定されているものである[13]。感化場及び懲戒場は普通の監獄とは異なる施設であり、素行不良な子を懲戒して改心させるために特別に設けられたものである[14]。条文にある6

---

7) 磯部四郎『民法釈義　人事編之部（下）』（長島書房、1891年）544頁、岸本辰雄・熊野敏三『民法正義　人事編巻之壹』（新法註釋會、1891年）287頁。

8) 例えば、明治政府のもとで頒布された最初の刑法典である「新律綱領」においては、「其子、祖父母、父母を殴罵し、若しくは教令に違犯して、祖父母父母督責し、邂逅に死に致し、及び過失殺する者は、各論ずること勿れ」と規定されており、懲戒によって子が死亡した場合でも処罰されないとされていた。

9) 磯部・前掲注7）545頁。

10) 磯部・前掲注7）546頁。

11) 熊野敏三ほか『民法草案人事編理由書下巻』（出版者不明、1888年頃）第8章40丁裏。岸本辰雄・熊野敏三『民法正義　人事編巻之壹』288頁。

12) 岸本辰雄・熊野敏三『民法正義　人事編巻之壹』288頁。

13) 磯部・前掲注7）547頁。

14) 磯部・前掲注7）547頁。

6   第1章　我が国における議論

か月というのは、子が改心するまでの時期を想定したものであった[15]。

　しかし、旧民法は明治23年（1890年）に公布されたものの、結局施行され
ないまま、明治31年法律第9号により廃止された。

第2款　明治民法（明治31年法律第9号）における懲戒権

明治民法882条
　1項　親権ヲ行フ父又ハ母ハ必要ナル範囲ニ於テ自ラ其子ヲ懲戒シ又ハ裁判
　　所ノ許可ヲ得テ之ヲ懲戒場ニ入ルルコトヲ得
　2項　子ヲ懲戒場ニ入ルル期間ハ六个月以下ノ範囲内ニ於テ裁判所之ヲ定ム
　　但此期間ハ父又ハ母ノ請求ニ因リ何時ニテモ之ヲ短縮スルコトヲ得

　明治民法中、明治31年（1898年）に制定された親族法は基本的に旧民法の
規定を承継しているが、「感化場」の文言がなくなり、「増減」が「短縮」に
変更されるという微修正が加えられている。前者は、純然たる感化のみを行
う「感化場」に子を入れることは親の教育権に含まれるので特別な規定は必
要ではなく、仮に「感化場」という名前であったとしても懲戒の方法として
身体拘束等を伴うのであれば法律上は「懲戒場」にあたるという考えによ
り、後者は6か月で効果が出ない場合には再度の請求をすればよいという考
えによる[16]。

　懲戒権は主として教育権から導かれると考えられたものの、我が国におい
ては対象が未成年者に限られず[17]、必ずしも教育権の一部とはいえないとさ
れていた[18]。つまり、懲戒権は監護・教育には包摂されない独自のものとさ
れていたのである[19]。懲戒権の作用は一定せず、叱責、打擲、一室内への監

15）磯部・前掲注7）548頁。
16）『日本近代立法資料叢書6　法典調査会民法議事速記録六』（商事法務研究会、1984年）435頁
　　［梅謙次郎発言］。
17）明治民法877条は「子ハ其家ニ在ル父ノ親権ニ服ス但獨立ノ生計ヲ立ツル成年者ハ此限ニ在
　　ス」と規定しており、独立の生計を立てない成年の子についても親権に服するものとして親権
　　者の懲戒権が認められていた。
18）梅謙次郎『民法要義〔第22版〕』（有斐閣、1912年）355頁。
19）大村敦志『民法読解　親族編』（有斐閣、2015年）253頁。

禁等は親権者の一存で施すことができるものの、残酷に陥らない程度であることが必要とされた[20]。起草者は懲戒権の範囲について、実にやむを得ない場合についてのみ懲戒をすることができるとする[21]ものの、実にやむを得ない場合を非常に広く捉えており、懲戒の内容についてかなりハードなものも許されると考えていたようである[22]。

　懲戒場での身体拘束は子の徳育、知育、体育に特に甚だしく重大な影響を及ぼすことから、親権者の一存ではなく、裁判所の審査を必要とした[23]。懲戒権規定は、子を懲戒場に入れるために必要な前提となる規定であったのである。もっとも、懲戒場がどのような場所かについて民法その他の法令に規定はなく、裁判所が親権者の意見を聞いて適当な懲戒場を指定していた[24]。

第3款　平成23年改正前の懲戒権

昭和22年（1947年）改正民法822条
　1項　親権を行う者は、必要な範囲内で自らその子を懲戒し、又は家庭裁判所の許可を得て、これを懲戒場に入れることができる。
　2項　子を懲戒場に入れる期間は、6箇月以下の範囲内で、家庭裁判所がこれを定める。但し、この期間は、親権を行う者の請求によつて、何時でも、これを短縮することができる。

　日本国憲法の制定を受けて昭和22年法律第222号により改正された民法においては、明治民法とは異なり成年に達した子は親の親権に服さず、懲戒権の対象とはならなかった。懲戒権は親の権威のためではなく、子の監護教育目的のために認められた権利に過ぎなかった[25]。ただし、懲戒権が監護教育

20）梅・前掲注18）355頁。
21）梅・前掲注18）355頁。
22）大村『民法読解』254頁。
23）梅・前掲注18）356頁。
24）梅・前掲注18）356頁。
25）於保不二雄・中川淳編『新版注釈民法（25）親族（5）〔改訂版〕〔復刻版〕』（有斐閣、2010年）108頁〔秋山和夫・國府剛〕。

8　第1章　我が国における議論

権自体に内含される権利であるか、監護教育権と相並ぶ独自のものであるのかについては争いがあった[26]。

　「懲戒とは、親権者による子の監護教育上から見ての子の非行、過誤を矯正善導するために、その身体または精神に苦痛を加える制裁であり、一種の私的な懲罰手段である」[27]とされた。そして、未成年者の監護教育のためには単なる口頭による訓戒だけでは足らず、時には「愛の鞭」を必要とすることもあると考えられ、民法は子の監護教育上の公共の福祉の立場から親による懲戒を認めていると考えられていたのである[28]。懲戒のためにはしかる・殴る・捻る・しばる・押入れに入れる・蔵に入れる・禁食させるなどの適宜の方法を「必要な範囲内」、つまり、必要かつ相当な範囲内で用いてよいと考えられていた[29]。

　また、昭和22年改正民法822条においても家庭裁判所の許可を得て子供を懲戒場に入れることができる旨規定されていた。懲戒場とは懲戒を目的とする施設のことであるが、昭和23年の時点で懲戒場にあたる施設は我が国に存在しなくなり[30]、懲戒場に関する規定は現実には無用なものとなっていたのである。

第4款　平成23年改正（平成23年法律第61号）

　昭和22年改正民法822条については民法に懲戒権規定が存在することを理由に児童虐待を正当化しようとする親権者がいること、及び、議論当時にすでに懲戒場が存在しなかったことから、平成23年改正に関する法制審議会の部会において、懲戒権規定の削除も視野に含めた検討がなされることとなった[31]。懲戒権規定の削除に関しては、刑法35条によって違法性が阻却される

---

26)　独自のものとする立場として『新版注釈民法』108頁〔秋山・國府〕、内含されるものとする立場として前田陽一・本山敦・浦野由紀子『民法Ⅳ親族・相続［第5版］』（有斐閣、2019年）174頁〔本山敦〕等。

27)　『新版注釈民法』108頁〔秋山・國府〕。

28)　『新版注釈民法』108頁〔秋山・國府〕。

29)　『新版注釈民法』109頁〔秋山・國府〕。

30)　『新版注釈民法』111頁〔秋山・國府〕。

31)　法制審議会児童虐待防止関連親権制度部会第1回会議議事録（2010年）〔大村委員発言〕17頁、同部会資料1「児童虐待防止のための親権制度の見直しに関する主な論点」3頁。

範囲との関係についても意識されていたようである[32]。

　もっとも、懲戒権規定の削除を主張する意見や削除に賛成する意見も、子に対する必要なしつけは民法820条の監護教育権に基づいて行うことができると解していた[33]ことから、懲戒権規定の削除によって実質的な変更があるとは考えておらず、むしろ国民に対して虐待を抑止するよう呼びかけるという象徴的な意味でこれを重要なものとして捉えていた[34]。それと同時に、規定を削除することによる心理的な影響、例えば親がしつけをする権利すらないと国民が誤解することが懸念されていた[35]。

　法制審議会の議論の経過としては、第6回会議の時点では懲戒権の規定を積極的に残置すべきだという意見はなく[36]、パブリックコメントにおいても同様であった[37]。そして第8回会議においても削除すべきとの意見が非常に有力であり[38]、第10回会議においても削除論が優勢だったものの、結局懲戒権の規定そのものは残置することとされた[39]。これは、懲戒権規定を削除することが国会の理解を得られず、結果として法改正そのものが頓挫することが恐れられたためであった[40]。

　平成23年改正では民法822条について懲戒場に関する規定が削除され、従前は「必要な範囲内」で懲戒できるとされていたところ、「820条の規定による監護及び教育に必要な範囲内」へと文言が変更された。また、改正前の民法820条は「親権を行う者は、子の監護及び教育をする権利を有し、義務を

---

32) 法制審議会児童虐待防止関連親権制度部会第1回会議議事録［飛澤幹事発言］20頁。ただし、以降の審議会議事録においてはほとんど言及がなかった。

33) 法制審議会児童虐待防止関連親権制度部会第1回会議議事録［大村委員発言］17頁、法制審議会児童虐待防止関連親権制度部会第3回会議議事録（2010年）［磯谷幹事発言］32頁。

34) 法制審議会児童虐待防止関連親権制度部会第3回会議議事録［平湯委員発言］30頁参照、［磯谷幹事発言］32頁。

35) 法制審議会児童虐待防止関連親権制度部会第3回会議議事録［磯谷委員発言］32頁、［吉田委員発言］33頁。

36) 法制審議会児童虐待防止関連親権制度部会第6回会議議事録（2010年）［平湯委員発言］28頁参照。

37) 法制審議会児童虐待防止関連親権制度部会資料7「『児童虐待防止のための親権に係る制度の見直しに関する中間試案』に関する意見募集の結果について」（2010年）22頁以下。

38) 法制審議会児童虐待防止関連親権制度部会第8回会議議事録（2010年）34頁以下。

39) 法制審議会児童虐待防止関連親権制度部会第10回会議議事録（2010年）4頁～12頁。

40) 法制審議会民法（親子法制）部会第2回会議議事録（2019年）［水野委員発言］20頁。

負う」と規定されていたところ、新たに「子の利益のために」という文言が追加された。この改正は、懲戒が子の利益のために行使される監護及び教育に必要な範囲内でのみ認められることを明確にしたものである[41]が、懲戒に関する規律に実質的な変更を及ぼすものではなかった[42]。この改正に対しては、残酷な方法でなければ子を懲戒として殴ってもよいという明治民法の考え方をそのまま承継するものであり、親の子に対する暴力を助長するものであるという批判が向けられていた[43]。

第5款　前民法（平成23年改正民法）に関する議論

前民法822条

　　親権を行う者は、第820条の規定による監護及び教育に必要な範囲内でその子を懲戒することができる。

　平成後期～末期における懲戒権に関する議論では、起草者たちの認識とは異なり、懲戒権が監護教育権に含まれるとし、懲戒権規定は廃止してもよいとする見解が有力であった[44]。また、立法論としては懲戒権規定を残すとしても「体罰を加えることはできない」という改正を行うべきであるとする見解[45]や、懲戒権規定を、親権を行う者は、子に対してしつけ（discipline）を行うことができるが、しつけには暴力（violence）の行使が含まれず、子の人格を尊重（respect）して行われなければならないという趣旨の規定に変更すべきだとする見解[46]が主張された。

---

41) 飛澤知行編著『一問一答　平成23年民法改正』（商事法務、2011年）18頁。
42) 飛澤編著・前掲注41）20頁。
43) 大塚正之『臨床実務家のための家族法コンメンタール（民法親族法編）』（勁草書房、2016年）258頁。
44) 大村『民法読解』254頁、二宮周平『家族法　第5版』（新世社、2019年）235頁。
45) 大塚正之・前掲注43）259頁。
46) 大村『民法読解』256頁、大村敦志「親権・懲戒権・監護権──概念整理の試み」能見善久ほか編『野村豊先生古稀記念論文集　民法の未来』（商事法務、2014年）580頁。

第6款 児童虐待防止法の改正（令和元年法律第46号）

令和元年改正児童虐待の防止等に関する法律（児童虐待防止法）

2条 この法律において、「児童虐待」とは、保護者（親権を行う者、未成年後見人その他の者で、児童を現に監護するものをいう。以下同じ。）がその監護する児童（十八歳に満たない者をいう。以下同じ。）について行う次に掲げる行為をいう。

　一　児童の身体に外傷が生じ、又は生じるおそれのある暴行を加えること。

　二　児童にわいせつな行為をすること又は児童をしてわいせつな行為をさせること。

　三　児童の心身の正常な発達を妨げるような著しい減食又は長時間の放置、保護者以外の同居人による前二号又は次号に掲げる行為と同様の行為の放置その他の保護者としての監護を著しく怠ること。

　四　児童に対する著しい暴言又は著しく拒絶的な対応、児童が同居する家庭における配偶者に対する暴力（配偶者（婚姻の届出をしていないが、事実上婚姻関係と同様の事情にある者を含む。）の身体に対する不法な攻撃であって生命又は身体に危害を及ぼすもの及びこれに準ずる心身に有害な影響を及ぼす言動をいう。第十六条において同じ。）その他の児童に著しい心理的外傷を与える言動を行うこと。

14条　1項 児童の親権を行う者は、児童のしつけに際して、体罰を加えることその他民法（明治29年法律第89号）第820条の規定による監護及び教育に必要な範囲を超える行為により当該児童を懲戒してはならず、当該児童の親権の適切な行使に配慮しなければならない。

2項 児童の親権を行う者は、児童虐待に係る暴行罪、傷害罪その他の犯罪について、当該児童の親権を行う者であることを理由として、その責めを免れることはない。

　平成30年3月、当時5歳の女児が死亡する目黒女子虐待事件が発生した。この事件を受けて政府が児童虐待防止対策に取り組む中、平成31年1月に再び当時10歳の女児が死亡する野田小4虐待事件が発生した。これらの事件では「しつけ」を口実とした虐待が繰り返しなされていたことが認められ、体罰禁止が社会的に強く求められるに至った。

12 第1章　我が国における議論

　その後、体罰禁止規定（児童虐待防止法14条1項）の新設[47]を含む、児童虐待防止対策の強化を図るための児童福祉法等の一部を改正する法律（令和元年法律第46号）が令和元年6月に制定され、翌年4月1日より施行された。

　この改正により、親の子に対する体罰は、「民法820条の規定による監護及び教育に必要な範囲」を超えるものとして、前民法822の懲戒権や民法820条の親権の行使としては許容されないものとされた[48]。

　令和元年の児童虐待防止法改正以前から、14条2項により児童虐待に係る、つまり、「児童の身体に外傷が生じ、又は生じるおそれのある暴行」等による暴行罪や傷害罪等の犯罪については親権を理由としては正当化されないとされており[49]、その限りでは懲戒権を理由とする違法性の阻却も許されていなかったといえる。そして、この改正により、暴行等の程度が児童虐待に係る程度に至らなくとも、体罰は子の監護教育に必要な範囲内を超えるものとして、懲戒権（前民法822条）の範囲には含まれず、民法上の懲戒権を理由とする違法性の阻却は認められなくなったと考えられる。

　このように、（令和4年の民法改正までは）懲戒権による違法阻却の範囲を画するにあたり、どのような行為が児童虐待防止法上の「体罰」に該当するのかが重要な意義を持ちうることとなった。

47）ただし、現在は後述する民法等の一部を改正する法律（令和4年法律第102号）により改正され、14条1項の文言は「児童の親権を行う者は、児童のしつけに際して、児童の子の人格を尊重するとともに、その年齢及び発達の程度に配慮しなければならず、かつ、体罰その他の児童の心身の健全な発達に有害な影響を及ぼす言動をしてはならない。」と、民法821条にあわせたものとなっており、肉体的苦痛を与える行為に加えて精神的苦痛を与える行為も明文で禁止されている。

48）令和元年に改正された児童虐待防止法14条1項の文言は「体罰を加えることその他の民法第820条の規定による……」ではなく「体罰を加えることその他民法第820条の規定による……」である。しかし、体罰は「監護及び教育に必要な範囲を超える行為」と並列して懲戒権の行使として許容されないという性質のものではなく、「監護及び教育に必要な範囲を超える行為」そのものであり、親権の行使として許容される範囲を超えるものである（そしてその結果として懲戒としても許容されない）と理解すべきである。第198回国会厚生労働委員会第18号（令和元年5月17日）において政府参考人である筒井健夫も「親権者による体罰を禁止する規定が盛り込まれました本法律案が成立した場合には、この体罰に該当する行為は民法第822条に言う子の監護、教育に必要な範囲には含まれないと解釈され、懲戒権の行使として許容されなくなる」と発言しており、同様の理解を前提とするものといえる。

49）大村敦志・横田光平・久保野恵美子『子ども法』（有斐閣、2015年）60頁。

第7款　令和4年の民法改正（親権・懲戒権規定）の経緯

　前述の児童虐待防止法の改正にあたっては、附則7条5項において2年を目途とする懲戒権規定の見直しが示されており、令和元年6月20日に懲戒権規定の削除も視野に入れた民法規定の見直しが法制審議会の臨時総会で諮問された。

　この民法改正の中間試案では、児童虐待を正当化する口実として利用されていた民法822条そのものを削除する甲案、虐待抑止のメッセージを発することを意図しつつ、必要なしつけもできなくなるとの誤解を防止する意図で「懲戒」という表現を「指示及び指導」と改めた上で体罰禁止を明記した乙案、親権者が監護教育に関する裁量を有することを前提とした上で「懲戒」に関する表現を削除し、監護教育を行う際の体罰禁止を明記する丙案が提示された[50]。

　　　[甲案]民法第822条を削除する。
　　　[乙案]民法第822条を次のように改める。
　　　　親権を行う者は、その子に対し、第820条の規定による監護及び教育のために必要な指示及び指導をすることができる。ただし、体罰を加えることはできない。
　　　[丙案]民法第822条を次のように改める。
　　　　親権を行う者は、第820条の規定による監護及び教育を行うに際し、体罰を加えてはならない。

　その後、パブリックコメント[51]が寄せられたが、甲案に賛成する意見（団体5、個人18）、丙案に賛成する意見（団体11、個人9）、懲戒権規定の見直しに反対する意見（個人22）がいずれも相当数あり、その数は拮抗していた。また、乙案に賛成する意見も複数（個人8）あった。乙案に対しては、「懲戒」という表現を「指示」や「指導」等に変更したとしても、その表現が子供へ

50）法務省民事局参事官室「民法（親子法制）等の改正に関する中間試案の補足説明」（2021年2月）3頁。

51）法制審議会民法（親子法制）部会参考資料16-1「『民法（親子法制）等の改正に関する中間試案』に対して寄せられた意見（詳細版）」（2021年）1頁以下。

14 　第1章　我が国における議論

の暴力等の正当化するための口実として利用されるおそれがあることが指摘された。

　また、体罰のみを明文で禁止することについても、子供の権利侵害の態様が暴力のみでなく暴言や屈辱的な養育によっても生じることや、虐待の多くが心理的虐待の形でなされ、増加傾向にあることからそのような行為からも子を保護する必要が大きいこと、そして、体罰を禁止するのみでは体罰以外の不適切な行為を行ってもよいと誤解されかねないことなどが指摘され、子に精神的な苦痛を与える行為も禁止すべきとする意見が多く寄せられた。

　このような指摘と法制審議会の第16回会議での検討を経て、正当なしつけもできなくなるとの誤解を防止するという従前の趣旨を維持しつつ、「指示」や「指導」という表現が今度は子供に対する言葉の暴力等の口実にされるのではないかという乙案の懸念を解消するものとして、第18回会議において乙1案と乙2案[52]が乙案に代えて提案された[53]。

　　［乙1案］民法822条を次のように改める。
　　　親権を行う者は、子の年齢及び発達の程度に応じて、第820条の規定による監護及び教育のために必要な指示及び指導をしなければならない。ただし、体罰をしてはならない。
　　［乙2案］民法822条を次のように改める。
　　①　親権を行う者は、子に対し、指示及び指導を行うに当たっては、子の年齢及び発達の程度並びにその心身に及ぼす影響に配慮しなければならない。
　　②　親権を行う者は、①の指示及び指導を行うに際し、体罰を加えてはならない。

　乙1案は、「指示および指導をしなければならない」と規定し、指示及び指導が親権者の責務であることを示すと同時に、具体的な指針を示すものとして子の年齢及び発達の程度に応じて指示や指導をすべきことを規定している。一方、乙2案は、指示や指導ができることを前提として、指示及び指

52）法制審議会民法（親子法制）部会資料18-1「個別論点の検討（2）」（2021年）。
53）法制審議会民法（親子法制）部会第18回会議議事録（2021年）［砂山関係官発言］2頁。

導の際に親権者が配慮すべき具体的事項を示すことで民法822条に親権の濫用を積極的に防止するための規律としての役割を与えるものとされる。なお、乙2案においては①の規律で体罰や不当な精神的苦痛を与える行為を防止するものであるが、体罰はしつけの手段としてであっても正当化されないことを明確にする観点から、体罰の禁止を②の規律で注意的に規定するものと説明される[54]。さらに、子に対して精神的な苦痛を与えることを禁止する規定を設ける場合の表現として、「体罰」を「体罰又は心身に有害な影響を及ぼす言動」に代えることが提案された。

これに対しては、親に指導をしなければならないという重圧を与えてしまうのではないかという乙1案への指摘や、「指示」という言葉の持つ意味についての懸念、そもそも「指示および指導」という表現を用いる必要はないのではないかという消極的な意見が出された[55]。一方、子に対して精神的な苦痛を与えることを禁止する規定を設けることについては肯定的な意見が出され、乙2案及び丙案を念頭に置きつつ議論が進められることになった。

第20回会議では、これまでの議論を踏まえ、民法822条について、民法820条に監護教育権の行使における具体的な方針を規定することを前提に乙案を削除して丙案を提案し、民法820条において、乙2案で民法822条に規定することを提案されていた「子の年齢及び発達の程度並びにその心身に及ぼす影響」に関する配慮義務について新たに民法820条2項を設けて規定するという次の案が提案された[56]。

1　民法第820条を次のように改める。
①　親権を行う者は、子の利益のために子の監護及び教育をする権利を有し、義務を負う。
②　親権を行う者は、①の規定による監護及び教育を行うに当たっては、子の人格を尊重し、かつ、その年齢及び発達の程度並びにその心身に及ぼす

---

54)　法制審議会民法（親子法制）部会第18回会議議事録（2021年）［砂山関係官発言］2頁。
55)　法制審議会民法（親子法制）部会第18回会議議事録（2021年）［棚村委員発言］3頁以下。
56)　法制審議会民法（親子法制）部会資料20「個別論点の検討（4）」（2021年）。なお、822条について甲案、「体罰」に代えて「体罰又は心身に有害な影響を及ぼす言動」とすること、「子の権利」の尊重を規定に盛り込むことについても引き続き検討するものとされた。

16　第1章　我が国における議論

影響に配慮しなければならない。

　2　民法第822条を次のように改める。

　　親権を行う者は、第820条の規定による監護及び教育を行うに際し、体罰を加えてはならない。

　第20回会議[57]において懲戒権規定に関連して議論されたことは、第一に「体罰」に代えて「体罰又は心身に有害な影響を及ぼす言動」といった規定にすることの是非、第二に「子の権利」の尊重を条文に入れることの是非についてであった。

　まず、「心身に有害な影響」について規定にすることについては、ほとんど全員が肯定的な意見であった。心の傷は子供の心を長くむしばみ悪影響を及ぼすといった視点や、配偶者間暴力の規制などにおいて有形力という態様に限らない方向に法制度が動いていく中で親権規定について体罰の禁止のみを明文化した場合には、「叩かなければよい」という誤った考えに陥る可能性があるため、心身に有害な影響を及ぼす言動は不適切であるということを示すというメッセージ性の観点から「心身に有害な影響を及ぼす言動」について規定する必要性が述べられた[58]。また、「心身に有害な影響を及ぼす言動」の範囲は広く、普通に叱った場合でも心身に影響が生じることはありうるため、不当に心身に影響を及ぼす言動に限定されることがわかるように、「不当性」について示すような文言を検討すべきであるといった指摘[59]もなされた。

　一方、「子の権利」の尊重を条文に入れることについては、肯定的な意見もみられたものの慎重な検討を要するとする意見が優勢であった。子の権利を尊重すること自体に異論はみられなかったが、監護教育より広く権利が含まれる子供の権利といったものを820条に規定することが適切なのかという指摘[60]や、表現によっては生命身体や財産権のように本来当然保護されるべ

57）法制審議会民法（親子法制）部会第20回会議議事録（2021年）2頁～13頁。
58）法制審議会民法（親子法制）部会第20回会議議事録（2021年）［山本委員発言］5頁、［久保野幹事発言］8頁。
59）法制審議会民法（親子法制）部会第20回会議議事録（2021年）［窪田委員発言］12頁。
60）法制審議会民法（親子法制）部会第20回会議議事録（2021年）［石綿幹事発言］11頁。

き権利についても「尊重してあげた上で親が自由にできる」といった、改正の趣旨と逆方向のメッセージ性を示すのではないかといった懸念[61]がみられた。

　以上の議論を踏まえて、第21回会議[62]では精神的苦痛を与える行為について明文で禁止しつつ、子の年齢及び発達の程度並びにその心身に及ぼす影響に配慮する義務についてはその趣旨が重複することになるため規定しないこととした「要綱案のたたき台（1）」[63]が提案された。

　　　第822条を次のように改めるものとする。
　　　　親権を行う者は、第820条の規定による監護及び教育をするに当たっては、子の人格を尊重しなければならず、体罰その他の心身に有害な影響を及ぼす言動をしてはならない。

　このたたき台については、親が子の年齢や発達に不相応なしつけをすることで子の心身を害することが往々にあるという虐待問題の実情からすると、子の年齢や発達について配慮する義務を盛り込む意味は小さくないため、年齢と発達への配慮を明文化すべきであるという意見[64]、この条文は懲戒権のみならず監護教育に関する基本的なあり方のルールを規定するものであるので、場所としては総則的なものとして各論の居所指定権（821条）等よりも前に規定すべきであるといった意見[65]が出された。

　第22回会議では、以上の議論を踏まえて「要綱案のたたき台（2）」[66]が提案された。

　1　民法第822条を削除し、同法第821条を同法第822条とする。

61）法制審議会民法（親子法制）部会第20回会議議事録（2021年）［窪田委員発言］6頁。
62）法制審議会民法（親子法制）部会第21回会議議事録（2021年）2頁～7頁。
63）法制審議会民法（親子法制）部会資料21-1「要綱案のたたき台（1）」（2021年）。
64）法制審議会民法（親子法制）部会第21回会議議事録（2021年）［磯谷委員発言］3頁。
65）法制審議会民法（親子法制）部会第21回会議議事録（2021年）［窪田委員発言］3頁、［中田委員発言］7頁。
66）法制審議会民法（親子法制）部会資料22-1「要綱案のたたき台（2）」（2021年）。

18　第1章　我が国における議論

2　民法第821条に次のような規律を設けるものとする。

　親権を行う者は、第820条の規定による監護及び教育をするに当たっては、子の人格を尊重するとともに、子の年齢及び発達の程度に配慮しなければならず、かつ、体罰その他の心身に有害な影響を及ぼす言動をしてはならない。

　この案は第22回会議[67]において賛同され、第24回会議において同一内容のものが「要綱案（案）」[68]として提案された。第24回会議[69]においては規定自体に対する異論はなかったが、第25回会議[70]において提出された「民法（親子法制）等の改正に関する要綱案（案）」[71]では、禁止される行為の範囲が適切に限定されていないとの第20回会議での懸念に応える形で「その他の心身に有害な影響」を「その他の子の心身の健全な発達に有害な影響」に代えたものが提案された。

　第25回会議では、新たに提案された部分である「健全な発達に有害な影響」を中心に議論がなされた。この文言の追加に対しては、磯谷委員から次の3つの懸念が挙げられた[72]。第一に、不適切な養育等が発達にまで影響があるといえるケースは児童福祉の現場においてそれほど多くないと感じられるところ、「健全な発達に影響」という文言が入ることで禁止の範囲が狭くなりすぎるのではないかという懸念、第二に、禁止の範囲が曖昧になるのではないかという懸念、第三に、「体罰その他の子の心身の健全な発達に有害な影響を及ぼす言動」と規定すると体罰が「子の心身の健全な発達に有害な影響を及ぼす言動」の例示ということになり、健全な発達に有害な影響を及ぼさない体罰については許容されるという解釈が可能になってしまうのではないかという懸念である。

　これらの懸念に関しては、「発達」という文言から子の将来への影響とい

67）法制審議会民法（親子法制）部会第22回会議議事録（2021年）2頁、3頁。
68）法制審議会民法（親子法制）部会資料24-1「要綱案（案）」（2022年）。
69）法制審議会民法（親子法制）部会第24回会議議事録（2022年）1頁～4頁。
70）法制審議会民法（親子法制）部会第25回会議議事録（2022年）3頁～18頁。
71）法制審議会民法（親子法制）部会資料25-1「民法（親子法制）等の改正に関する要綱案（案）」（2022年）。
72）法制審議会民法（親子法制）部会第25回会議議事録（2022年）［磯谷委員発言］3頁、4頁。

第2節　民法上の「懲戒権」、「親権」　19

う観点が盛り込まれることになり、禁止の範囲を狭めうる（あるいはそうした
メッセージ性を持ちうる）ものとなっているという問題意識が共有された。こ
れを受け、「及ぼす」を「及ぼし得る」とすること[73]や、「発達」を「成長及
び発達」とすることで将来のみでなく現在のニュアンスをも含む文言とする
こと[74]が提案された。また、第三の懸念に関しては砂山関係官より、体罰に
あたる限りはすべからく子の心身の健全な発達に有害な影響を及ぼす言動に
あたり、親権者の監護教育権の行使として許容されないものと考えており、
国民の適切な理解が得られるように周知広報に努めるとの説明があった[75]。

　最終的に、「及ぼす」を「及ぼし得る」と変更することについてはその変
更の波及効果がありうるという点で難しいとされた[76]が、「成長」という文
言を含めるべきか否かについては精査を要するとして判断が部会長に委ねら
れた。そして、「成長」という文言が加えられることもありうるとして賛否
がとられ、案として取りまとめられた。

　その後、令和4年12月10日の第210回臨時国会において民法等の一部を改
正する法律（令和4年法律第102号）が成立し、同月16日に公布され、懲戒権規
定の見直しに関する部分等については公布の日からただちに施行された。

第8款　懲戒権規定の削除と民法821条（子の人格の尊重等）
第1項　懲戒権規定の削除

　民法改正による大きな変更としては、懲戒権規定（前民法822条）の削除が
挙げられる。これは、子に対する懲戒等のあり方についての社会通念が変化
しゆく中で、児童虐待を正当化するための口実として同条が利用されている
との指摘や、「懲戒」という文言の意義が一義的に明らかではないことから
体罰等も許容されるとの誤解を与えかねないとの指摘がなされていたとこ
ろ、同条を削除することにより、児童虐待の防止に向けたメッセージを発
し、将来の児童虐待の防止を図ろうとするものであると説明される[77]。

73）法制審議会民法（親子法制）部会第25回会議議事録（2022年）［窪田委員発言］7頁、［石綿
　幹事発言］10頁。
74）法制審議会民法（親子法制）部会第25回会議議事録（2022年）［久保野幹事発言］5頁。
75）法制審議会民法（親子法制）部会第25回会議議事録（2022年）［砂山関係官発言］17頁。
76）法制審議会民法（親子法制）部会第25回会議議事録（2022年）［大村部会長発言］17頁。

20　第1章　我が国における議論

　なお、子に問題行動があった場合などの正当なしつけについては、特別の規定を置かずとも民法820条に基づく監護教育権の行使として可能であると整理される[78]。

第2項　民法821条（子の人格の尊重等）

民法821条

　　親権を行う者は、第820条の規定による監護及び教育をするに当たっては、子の人格を尊重するとともに、子の年齢及び発達の程度に配慮しなければならず、かつ、体罰その他の子の心身の健全な発達に有害な影響を及ぼす言動をしてはならない。

　民法821条[79]は、親権者の監護教育権の行使一般についての行為規範を示すものであり、居所指定権や職業許可権との関係では、各論的な規律と位置付けられる[80]。同条の内容は、①「子の人格を尊重する」義務及び「子の年齢及び発達の程度」への配慮義務、②「体罰」の禁止、③「その他の子の心身の健全な発達に有害な影響を及ぼす言動」の禁止である。なお、同条で定める規律等の実質は、監護教育権に関して改正前民法の「解釈から導かれる内容に追加・変更を加えるものではなく、それらを確認的に規定するものである」とされる[81]。

77）佐藤隆幸編著『一問一答　令和4年民法等改正——親子法制の見直し』（商事法務、2024年）129頁、法制審議会民法（親子法制）部会資料25-2「補足説明」（2022年）2頁。

78）法制審議会民法（親子法制）部会資料25-2「補足説明」（2022年）2頁。

79）今回の改正について、最終的な立法と同じ内容である要綱について紹介又は検討する論稿としては、久保野恵美子「児童虐待への民事法的対応——親権法改正について」法律時報94巻11号（2022年）23頁、石綿はるみ「家族法のアラカルト（第1回）懲戒権規定の見直しをめぐって——親権者が『できないこと』、『なすべきこと』、『できること』」法学セミナー814号（2022年）60頁がある（なお、両名とも法制審議会民法（親子法制）部会の幹事である）。

80）佐藤編著・前掲注77）130頁。

81）法制審議会民法（親子法制）部会資料25-2「補足説明」（2022年）2頁。

1 「子の人格を尊重する」義務及び「子の年齢及び発達の程度」への配慮義務

まず、①については、「虐待の要因としては、親が自らの価値観を不当に子に押し付けることや、子の年齢や発達の程度に見合わない過剰な要求をすること等があるとの指摘がされて」いることから、「親子関係において独立した人格としての位置付けを明確にするとともに、子の特性に応じた親権者による監護及び教育の実現を図る観点から、親権者の監護教育権の行使における行為規範として」規定したというのがその趣旨であり[82]、民法820条の「子の利益のために」との規律を親権者の行為規範として具体化するものであるとされる[83]。

2 「体罰」の禁止

次に、②の「体罰」の禁止について、民法上明文の規定がなくとも、既に体罰は令和元年に規定された児童虐待防止法14条1項及び民法820条の規定から親権の行使として許容されていなかった。体罰禁止規定は、「親権の行使として許容されない子の心身の健全な発達に有害な影響を及ぼす言動の典型的な類型の一つとして、体罰を例示的に規定する形で、これを明示的に禁止することとし」[84]、その明文化のメッセージ性により児童虐待の防止を企図するものである。「体罰」は「子の問題行動に対する制裁として、子に肉体的な苦痛を与えること」と定義され、体罰に該当するか否かは「最終的には、当該子の年齢、健康、心身の発達状況、当該行為が行われた場所的及び時間的環境、当該行為の態様等の諸条件を総合的に考慮し、個々の事案ごとに判断されるもの」であるとされる[85]。体罰に該当する範囲の広狭は、これらの考慮要素の判断の方法に依存することとなると考えられる[86]。

---

82) 佐藤編著・前掲注77) 138頁。なお、民法821条の「子の人格を尊重する」義務について、令和6年法律第33号によって新設された「親の債務等」と題された民法817条の12における「子の人格を尊重する義務とともに検討するものとして、池田悠太「『人格の尊重』の一般性と子の養育における特殊性」法律時報96巻12号（2024年）37頁がある。

83) 佐藤編著・前掲注77) 139頁。

84) 佐藤編著・前掲注77) 132頁。

85) 法制審議会民法（親子法制）部会資料25-2「補足説明」（2022年）3頁。

86) 石綿・前掲注79) 64頁。

3 「その他の子の心身の健全な発達に有害な影響を及ぼす言動」の禁止

　最後に、③については、「体罰や暴言等の子に不当に肉体的又は精神的な苦痛を与える行為が、子の成長や発達に悪影響を与えうるものであることを踏まえ、親権者に監護教育権の行使の場面において、そのような行為を防止し、もって、子の心身の健全な発達という子自身にとって極めて重要な利益の実現を図ろうとする」ことが規定の趣旨であるとされる[87]。「心身の健全な発達に有害な影響を及ぼす言動」については、改正前民法上も親権の行使としては許容されないものと考えられる、「実体法上禁止されるべきことについて、社会的なコンセンサスが形成されている行為に限られるもの」とされており、同規定は確認的に設けられたものであると説明される[88]。特定の言動が「心身の健全な発達に有害な影響を及ぼす言動」に該当するかの判断にあたっては、行為時を基準に判断され、「子の心身の健全な発達に対する有害な影響という結果の発生は必ずしも必要ではない」[89]。また、「当該判断は社会通念に照らして、当該行為が監護教育権の行使として相当なものか否かとの観点から客観的に行われ」[90]るものであり、親権者が主観的には子の心身の健全な発達に有害な影響を及ぼさないと考えていたとしても、「客観的に監護教育権の行使として相当ではないと認められる行為は、子の心身の健全な発達に有害な影響を及ぼす言動に該当することになる」[91]。該当性については、最終的には体罰該当性の判断と同様に諸条件を総合的に考慮して判断される[92]。「子の心身の健全な発達に有害な影響を及ぼす言動」に該当すると考えられる行為の例としては、「子を長時間にわたって罵倒する、子の自尊心を傷付ける言動を繰り返す、他のきょうだいと著しく差別的な扱いをするといった行為」が挙げられる[93]。

---

87) 佐藤編著・前掲注77) 136頁。
88) 法制審議会民法（親子法制）部会資料25-2「補足説明」（2022年） 3頁。
89) 法制審議会民法（親子法制）部会資料25-2「補足説明」（2022年） 3頁。
90) 法制審議会民法（親子法制）部会資料25-2「補足説明」（2022年） 3頁。
91) 法制審議会民法（親子法制）部会資料25-2「補足説明」（2022年） 3頁。
92) 佐藤編著・前掲注77) 136、137頁。
93) 佐藤編著・前掲注77) 136頁。

4 「体罰その他の子の心身の健全な発達に有害な影響を及ぼす言動」と効果

「体罰その他の子の心身の健全な発達に有害な影響を及ぼす言動」（以下「民法821条の体罰等」とする）に該当すると判断された場合、民法820条の監護教育権の行使として民法上許容されず、「民事上又は刑事上の違法性が問われる」場合には、親権の行使として違法性が阻却されることはないとされる[94]。もっとも、親権の行使としての違法阻却が否定されるのであり、そもそも刑法上の構成要件に該当しない（あるいは該当すると評価されない）場合や、他の違法阻却事由が存在する場合等には犯罪は成立しない[95]。例えば、「宿題をしなかったので、夕ご飯を与えなかった」という事例は、児童虐待防止法の令和元年改正を受けて公表された厚生労働省の報告書[96]において体罰に該当する例として挙げられる[97]が、刑法上の保護責任者不保護罪（218条）との関係では、一回の夕食の不提供は「不保護」に該当せず構成要件を充足しない[98]。

違法性以外の法的な効果について、民法821条の体罰等に該当する行為は、親権喪失の審判（民法834条）や親権停止の審判（民法834条の2）等との関係において、その要件を判断する際の考慮要素となりうる[99]。

第3項　民法821条の小括

民法821条は確認的な規定であり、今回の改正は「2011年改正によって明らかにされていた内容の延長及び具体化に当たるといえる」[100]。改正前民法の「解釈から導かれる内容に追加・変更を加えるものではなく」[101]、「親権

---

94) 佐藤編著・前掲注77）135頁。
95) 久保野・前掲注79）29頁、深町晋也「目黒女児虐待死事件——児童虐待の刑法的課題」法学セミナー793号（2021年）19頁以下参照。
96) 厚生労働省・体罰等によらない子育ての推進に関する検討会「体罰等によらない子育てのために」（2021年2月）。
97) また、民法（親子法制）部会資料16-1「パブリック・コメントを踏まえた今後の議論の方向性（1）」（2021年）1頁も、食事を与えないことは体罰等にあたりうるとする。
98) 深町晋也「刑法が家族の問題に関わるとき」法学セミナー799号（2021年）58頁。
99) 佐藤編著・前掲注77）134頁。
100) 久保野・前掲注79）30頁。
101) 法制審議会民法（親子法制）部会資料25-2「補足説明」（2022年）2頁。

者において禁止される行為の範囲に変更はない」[102]とすれば、親権の行使として許容される範囲及び刑法上の違法性が阻却される範囲についても変更はないということになるはずである[103]。

「体罰その他の心身の健全な発達に有害な影響を及ぼす言動」に該当するか否かについては、「社会通念に照らして」、諸条件を総合的に考慮して判断されることになり、禁止される範囲は「社会的なコンセンサスが形成されている行為に限られる」と説明される。しかし、考慮要素となる諸条件をどのように評価・判断するかによって禁止される範囲は狭くも広くもなりうる。また、現状ではどのような「社会的なコンセンサス」が形成されているのかも漠然として不明である上に、「社会通念」が変遷する過渡期にある現在においては「社会通念」は念頭に置くには心許ないように思われる[104]。

「体罰その他の心身の健全な発達に有害な影響を及ぼす言動」に該当した場合には、違法性が阻却されないばかりか、親権停止の審判等の要件を判断する際の考慮要素ともなりうるが、してはならない行為が不明確な現状では法制審議会での議論過程で懸念されていた親権者の萎縮をもたらすおそれがある[105]。

改正法においても、許容される親の措置の範囲は未だ不明確なままであり、その外縁についての検討はなお重要な意義を持つ。そこで、以下では、親の監護教育権の性質について確認・検討する。

---

102) 法制審議会民法（親子法制）部会資料25-2「補足説明」（2022年）1頁。

103) ただし、深町晋也『家族と刑法　家庭は犯罪の温床か？』（有斐閣、2021年）204頁は、体罰禁止等のメッセージが捜査機関や刑事裁判所に正面から受け止められた場合には、処罰範囲の拡張という立法時に意図されていなかった形で法改正の効果が生じるのではないかと懸念する。実際の裁判例の傾向については後に詳述するが、厳罰化の傾向にあるように感じられる。なお、民法821条についてではないが、厚生労働省・体罰等によらない子育ての推進に関する検討会「体罰等によらない子育てのために」（2020年2月）5頁は、児童虐待防止法における体罰禁止の趣旨につき「親を罰したり、追い込むことを意図したものではな」いとしており、刑法上の処罰範囲の拡大は意図しないとしている。

104) 石綿・前掲注79）65頁参照。

105) 久保野・前掲注79）29頁参照。

第2節　民法上の「懲戒権」、「親権」　25

第9款　親権・監護教育権

民法820条（監護及び教育の権利義務）
　　親権を行う者は、子の利益のために子の監護及び教育をする権利を有し、
　義務を負う。

　親権の内容は民法820条〜824条において規定される子の身上監護権と民法
824条以下に規定される財産管理権とに大別される[106]。本稿においては親権
のうち前者の子の身上監護権について論じていく。
　身上監護権の主たる内容である監護教育権については民法820条において
規定されている。同条と民法821条以下の関係性については、民法821条が
「親権者の監護教育権（民法820条）の行使一般についての行為規範を規定する
ものであり」[107]、民法820条の一部を具体化したものが居所指定権（民法822
条）、職業許可権（民法823条）、財産管理権（民法824条）であるというのが一般
的な見方であるとされている[108]。

第1項　親権の義務性
　民法820条は「権利を有し、義務を負う」と規定しており、親権は権利に
して義務であるとされている。しかし、権利と義務という異なる両概念は両
立可能なのか、あるいは可能だとしてどのような性質を持つことになるのか
は、一見すると明らかではないようにみえる。明治民法879条は「親権ヲ行
フ父又ハ母ハ未成年ノ子ノ監護及ヒ教育ヲ為ス権利ヲ有シ義務ヲ負フ」と規
定していたが、その立案にあたった法典調査会においても、「私法ニ於テハ
権利デアルナラバ義務デナイ義務デアルナラバ権利デナイ」[109]という指摘が
なされるほどであった。
　旧条文の起草者の梅謙次郎は上記指摘に対し、賃貸人の地位等を例に出し

106）『新版注釈民法』53頁〔秋山・國府〕、『民法Ⅳ親族・相続［第5版］』168頁〔本山〕。
107）佐藤編著・前掲注77）130頁。
108）大村「親権・懲戒権・監護権──概念整理の試み」561頁、『民法Ⅳ親族・相続［第5版］』
　　　173頁〔本山〕。
109）『法典調査会民法議事速記録六』〔穂積八束発言〕430頁。

て権利と義務は両立しうると主張した[110]。そして、親権の性質については「親権ト云フモノヲ民法デ規定スル以上ハ権利ト云フヨリハ寧ロ義務ノ方ガ主デアラウト思フ」[111]と述べており、「其子ノ監護及ビ教育ノ義務ヲ負フ。其義務ヲ尽クスニ必要ナル権利ヲ有ス」[112]というのが合理的であると考えていたようである。平成23年改正で挿入されたように、親権は「子の利益のために」のみ行使されなければならない。そうすると、親権は結局のところ義務であるということになろう[113]。

　また、親権は不行使も処分も認められない[114]ものであり、「『権利』と呼ぶのはあまりに通常の用語法から離れて」いる。そのため、この「権利」は通常の意味での「権利」ではなく、「権限」（権能）のことであると考えるべきである[115]とされている。

　他方、昨今においても親権に親の子に対する権利としての側面を認める見解も存在する。つまり、親権者の監護教育目的のために子が親権者の指示に従うことを要求する請求権という意味において、親の子自身に対する直接的な権利を認める[116]のである。もっとも、この見解も監護教育権が同時に義務としての性質を持つことを否定するものではない[117]。

　いずれにせよ、民法における親権は権利の側面よりもむしろ、義務の側面が重視されているといえよう[118] [119]。

110）『法典調査会民法議事速記録六』［梅謙次郎発言］431頁。他にも、例えば穂積重遠『親族法』（岩波書店、1933年）552頁は所有権や返金債務についても権利にして義務であると説く。

111）『法典調査会民法議事速記録六』［梅謙次郎発言］429頁。

112）『法典調査会民法議事速記録六』［梅謙次郎発言］431頁。穂積重遠・前掲注110）552頁も「親権は義務を行ふ権利であり、権利を行う義務である」としている。

113）米倉明「親権概念の転換の必要性」星野英一・森島昭夫編『現代社会と民法学の動向　下』（有斐閣、1992年）364頁。

114）大判明治31年11月24日・民録4輯10巻36頁。

115）米倉・前掲注113）365頁。他にも裁判所職員総合研修所監修『親族法相続法講義案（七訂補訂版）』162頁は親権を「子を教育するについて、みだりに他人の干渉を許さない意味で権利である」としている。

116）『新版注釈民法』77頁〔秋山・國府〕。

117）『新版注釈民法』78頁〔秋山・國府〕。

118）穂積重遠・前掲注110）551頁は、親権を「親義務」としてみた方がよいと指摘する。

119）法制審議会民法（親子法制）部会においても、義務の側面が注目されている（例えば、第2回会議審議録（2019年）42頁以下等）。義務の側面を重視し「権利を有し、義務を負う」という文言を「義務を負い、権利を有す」とすることも検討された（法制審議会民法（親子法制）部

第2項　誰に対する義務か

次に、親権・監護教育権が誰に対する義務なのかにつき議論がある。大別すると親子間の私的な権利義務とする私的義務説、国に向けられた権利義務であるとする公的義務説、それらの両面があるとする折衷説がある[120]。

民法起草者である梅は、親として国家に対する義務があることは認めるものの、それは教育令等に規定される公法的なもの[121]で、民法上の親子の関係としては、「親ト云フモノハ必ズ教育スル義務ガアルソレハ国家ニ対シテデナク子ニ対シテデアラウ」[122]と述べており、私的義務説に立っていた。しかし、法典調査会では親権を家長権力的なものとする発想に立つ公的義務説が支配的であった[123]。

学説[124]においてもかねてより「公的義務説ないしは折衷説が支配的」[125]であり、実務においても、公的義務説がなお有力[126]なようである。一方で私的義務説も有力に主張されている[127]。

公的義務を認める見解は、親による子の養育を、次世代を担う者を養育する任務であり、それゆえに国民の発育につき国家が重大な利害関係を有し、親権は多少の制限干渉及び援助を国家から受けることになる[128]としている。

一方、私的義務説は、親は子から頼まれもしないのに子を産んだのであるから、誰よりも先に子に対して監護教育の義務を負うべきであるとする[129]。

　会資料12-1「中間試案の取りまとめに向けた議論のためのたたき台（1）」（2020年）2頁）。また、乙1案は「第820条の規定による監護及び教育のために必要な指示及び指導をしなければならない」と規定するものであり、義務の側面を強調したものと読むことができる文言となっていた。

120)　『民法Ⅳ親族・相続［第5版］』167頁〔本山〕。
121)　『法典調査会民法議事速記録六』〔梅謙次郎発言〕430頁。
122)　『法典調査会民法議事速記録六』〔梅謙次郎発言〕429頁。
123)　『法典調査会民法議事速記録六』427頁以下。
124)　例えば、公的義務説に立つものとして穂積重遠・前掲注110) 552頁、折衷説に立つものとして我妻栄『法学全集23 親族法』（有斐閣、1961年）。
125)　米倉・前掲注113) 369頁。
126)　例えば大塚正之・前掲注43) 254頁、裁判所職員総合研修所監修『親族法相続法講義案（七訂補訂版）』162頁。
127)　例えば米倉・前掲注113) 369頁、『新版注釈民法』81頁〔秋山・國府〕。古いものとして奥田義人『民法親族法論』（有斐閣、1898年）345頁。
128)　穂積重遠・前掲注110) 553頁、我妻・前掲注124) 329頁。
129)　米倉・前掲注113) 369頁。

28　第1章　我が国における議論

　国家が私人に対し、子を産み増やすことを推進するにとどまらず命令するような社会であれば、子よりもまず国家に対して子の監護教育の責任を負うという公的義務が第一に認められるかもしれないが、少なくとも現代の日本はそのような国ではないだろう。また、公的義務説の考え方では、極端な例ではあるが、国家・社会が崩壊しもはや存在しない世界において、親はもはや子に対し何らの義務を負うことなく、何をしてもよいという不当な結論に結びつくのではないかという疑問がありうる[130]。

　以上から、仮に子の監護教育に公的義務の側面を認めるとしても、この義務は第一には親の子に対する義務であると考えるのが穏当であろう[131]。

第3項　監護及び教育の意義

　改正前民法822条では、懲戒は監護教育に必要な範囲内で行うことができるとされたが、監護・教育とはそもそもどのようなものだろうか。法文上、監護及び教育の内容については明記されていない。

　起草者である梅は、教育についてはどのような教育をどの程度までどう施すかが全て親権者の判断に委ねられると説明しているが、監護については「説明ヲ要セスシテ明カナリ」として何ら説明を加えていない[132]。

　一方、学説においては、監護は主として身体的な育成を図るものであり、教育とは主として精神的な向上を図るものであるという説明[133]や、監護とは消極的に子を不利益から守るものであり、教育とは積極的に子の利益を増進するものであるが、両者は表裏一体のものであり、概念的には区別可能であるとしても実際には判然たる区別ができず、両者は相まって子の身体を保護するものであるという説明[134]がなされている。

　監護及び教育をどのようなものと捉えるかは非常に難しい問題であるが、現在、民法の分野においては一般に、子を養育する上で監護と教育はそもそ

---

130) 米倉・前掲注113) 369頁以下参照。
131) 法制審議会民法（親子法制）部会においても、親権（監護教育）の最も中心的な法律関係を親の子に対する義務であるとする意見がある（第2回会議審議録（2019年）42頁以下）。
132) 梅・前掲注18) 351頁。
133) 我妻・前掲注124) 330頁。
134) 奥田・前掲注127) 344頁。『新版注釈民法』64頁、65頁〔秋山・國府〕も参照。

も不可分のものであると捉えられているようである[135]。

第4項　監護及び教育の意義についての検討・考察

　しかし、第4章で述べるように、親権行使の範囲を画するにあたり、親による有形力の行使が監護目的によるものか教育目的によるものかが一定の意義を有すると考えられるため、監護と教育の意義につき若干の検討を加える。

　まず、身体的なものを監護とし、精神的なものを教育とする見解は妥当ではない[136]。例えば、子がテレビやインターネットサイトを見ているときに、親が子のトラウマになるような映像や画像を子が閲覧することをその場での目隠しや事前の閲覧制限などの方法で妨げ、子の精神に害が及ぶことから子を防衛保護することは教育というよりは精神面での監護という方が妥当であろう[137]。従って、大筋においては消極的に子を不利益から守るものを監護とし、積極的に子の利益を増進するものを教育とする見解に賛同する。しかし、先ほどの例の目隠しや閲覧制限が、そうすることによって子の人格に悪影響を及ぼす危険を排除し、子のより良い人格を形成する目的で行われた場合も同様に監護といえるだろうか。むしろ、子の道徳教育の一貫としてなされたものというべきではないだろうか。

　このようにしてみると、確かに監護と教育は表裏一体のものであり、両者を厳密に区別することは難しいように思われる。では、同一の行為について、監護か教育かのこのような結論の違いはなぜ生じたのだろうか。私見の結論を述べると、それは最終的には行為者の目的に由来する。

　「教育」の辞書的な意味は「ある人間を望ましい姿に変化させるために、身心両面にわたって、意図的、計画的に働きかけること。知識の啓発、技能の教授、人間性の涵養などを図り、その人のもつ能力を伸ばそうと試みること」[138]である。要するに、教育以降に教育された人間を向上させる目的で、

---

135) 奥田・前掲注127) 344頁、『民法Ⅳ親族・相続［第5版］』173頁〔本山〕。一方、可分なものとして捉える見解として『新版注釈民法』65頁以下〔秋山・國府〕。
136) 『新版注釈民法』64頁〔秋山・國府〕。
137) 『新版注釈民法』64頁〔秋山・國府〕参照。
138) 『デジタル大辞泉［第2版］』（小学館、2012年）。

30　第1章　我が国における議論

働きかけや試みを行うことこそが教育であるといえる。ここでは身体的なものか精神的なものかは重視されていない。

　つまり、教育の効果としてその人を向上させるという目的・主観が行為者に存在することが、その処置が教育にあたるか否かにおける必要条件として重要なのである。

　そうすると、監護及び教育についての説明は次のものがより適切であると考える。つまり、教育とは子を将来（爾後）において身体的・精神的に向上させる目的で、積極的に子の利益を増進するよう試みるものであり[139]、監護とは消極的に子を不利益から守ることによって、現状の維持あるいは現状の延長線上にある成長を目指すものである。そして、ある行為が客観的に見て教育にも監護にも属するように見える場合、親の処置が教育にあたるか否かは親の主たる目的が何であるかによって決せられる。

　これによると、先ほどの例は子のトラウマ防止が主たる目的のときは監護にあたり、子のより良い人格形成が主たる目的のときは教育にあたることとなる。

第10款　親権の行使として許容される範囲の逸脱と刑法上の違法性の阻却

　令和元年に改正された児童虐待防止法14条1項により「体罰」が明文で禁止された。そして、令和4年の民法等の一部を改正する法律（令和4年法律第102号）では、肉体的苦痛に加えて精神的に苦痛を与える行為も民法821条及び児童虐待防止法14条1項によって明文で禁じられるに至った。民法821条の体罰等に該当する行為については、民法820条の監護教育権の範囲外の行為として刑法上も親権の行使を理由としては違法性が阻却されないと説明される[140]。

　なお、教師の懲戒権に関してではあるが、学校教育法上禁止される体罰に該当するとしても、違法性の相対性から「民事上行政上の責任を生ずること

---

139)　なお、『新版注釈民法』64頁〔秋山・國府〕は「教育は身体および精神の発達完成をはかる積極的行為である」（傍点筆者）と記述しており、目的を重視する本稿の説明と本質的に異なるものではないといえよう。

140)　法制審議会民法（親子法制）部会資料25-2「補足説明」（2022年）4頁。親権の行使と刑法上の違法性の阻却については第4章において詳述する。

は別として、すくなくとも刑法上の責任を問うについては、体罰禁止にふれる行為がただちに刑法35条の適用を排除されるものではないことを認め」るべきであるという見解[141]も主張された。これを民法821条に敷衍すれば、同条の体罰等に該当するとしても、親の当該措置は直ちには違法阻却事由としての資格を失わず、刑法35条による違法性の阻却がありうるということになる。そこで、この見解の当否について検討する。

　法律等の成文法によって構成要件該当行為を行うことが特に許されている（あるいは命じられている）場合に認められる違法阻却事由が法令行為であり[142]、当該有形力の行使等の措置が法令上禁止される民法821条の体罰等に該当するのであれば、それは法令に基づく行為とはいえず、法令行為として違法性が阻却されることはありえない[143]といえる。

　刑法「35条は、刑法以外の他の法領域で適法とされる行為が、刑法上も違法とされないことを確保する規定である」[144]とされており、他の法領域上で違法とされる行為に該当するのであれば、実質的違法性が否定されて超法規的な違法阻却が認められる場合はともかく、もはや刑法上も違法でないことを確保する必要性は乏しい。

　親による有形力の行使等の措置も、民法821条の体罰等に該当し、私法上許容されないのであれば、上述した立案担当者の説明通り、もはや法令行為として刑法35条により違法性を阻却することは認められるべきではない[145]。

　以上のように、親権の行使として違法性が阻却される範囲を画するにあたっては、どのような行為が民法821条の体罰等に該当するのかが問題と

---

141) 藤木英雄『刑法講義総論』（弘文堂、1975年）187頁、藤木英雄『可罰的違法性』（学陽書房、1975年）114頁。他にも、教師の懲戒権行使に関して、「体罰」に該当する場合であっても教育的見地から優越的利益の擁護が認められる場合には法令行為として違法阻却が認められるとする見解（中島広樹「教師による懲戒権の行使と違法性阻却」平成法政研究19巻2号（2015年）133頁以下）も存在する。

142) 山口厚『刑法総論［第3版］』（有斐閣、2016年）111頁、井田良『講義刑法学・総論［第2版］』（有斐閣、2018年）284頁。

143) 民法821条についてではないが、大沼邦弘「学校教員による体罰と刑事責任」成城大学出版編『21世紀を展望する法学と政治学』（信山社、1999年）361頁参照。

144) 井田・総論284頁。

145) 深町・前掲注103) 196頁も、「児童虐待防止法において、親による体罰禁止が明文化された場合には、刑法上も、懲戒権の行使として体罰を行うことは刑法35条によって正当化されなくなろう」としている。

32　第1章　我が国における議論

なる。そこで、次章では、親権者の行為についての議論ではないが、学校教育法11条ただし書により体罰が明文で禁止され、裁判例の蓄積のある教師の懲戒権について確認・検討する。

第3節　被害者の承諾による構成

　親権による違法阻却以外の、親権者の有形力の行使等に対する正当化事由としては、被害者の承諾が考えられる。懲戒目的で無抵抗の被害者を縛り、風呂桶内に押し込み蓋を釘付けして監禁し、救いを求めるにもかかわらず放置して窒息死させた逮捕監禁行為につき、方法、態様が甚だ残酷で著しく公序良俗に反するため、被害者の承諾があると考えても違法性が阻却されないとした裁判例がある[146]。本判決においては具体的事実関係の下で被害者の承諾の存在は否定されたものの、被害者の承諾による違法阻却という見解はありうるもののように思われる。そのため、以下においては被害者の承諾による違法阻却の可能性について検討する。

　親権者の行為に対する被害者である子の承諾という点では、平成29年の刑法改正において新たに制定された監護者わいせつ・性交等罪（刑法179条）に関する議論が参考となる。

　同罪は、18歳未満の者に対し、その者を現に監護する者であることによる影響力があることに乗じてわいせつな行為、あるいは性交等をした者を、それぞれ不同意わいせつ罪（刑法176条）、不同意性交等罪（刑法177条）と同様に処罰する規定である。

　立案担当者の解説によると、同条にいう「監護する者」とは、18歳未満の者を現に監督し、保護している者をいう。法律上の監護権の有無は問わないが、現にその者の生活全般にわたって経済的・精神的な観点から依存・被依存ないし保護・被保護の関係が継続的に認められることが必要である。そして、「現に監護する者であることによる影響力があることに乗じて」と認定するためには、その影響力が遮断される例外的な事情がある場合を除き、通

146）名古屋地判昭和34年4月27日・下刑1巻4号1115頁。

常は「現に監護する者であること」が立証されれば足りる[147]とされている。

ここでは、監護関係は18歳未満の者の自由な意思決定を妨げるものとして理解されている[148]。18歳未満の者が監護者の保護監督下にある場合、18歳未満の者は経済的・精神的に監護者に依存している状況にあるところ、18歳未満の者は監護者に逆らったり、あるいは監護者からの愛情を失ったりした場合には監護者からの物心両面での保護を失うのではないかと不安を感じやすく、ゆえに監護者の意向に沿うべく意思決定を歪める危険性が類型的に高い[149]というのである。

意思決定が歪められる危険は、保護者の子に対する構成要件該当行為という場面でも認められるように思われる。親と子は経済的・精神的に依存する関係にあるばかりでなく、懲戒は子供のためにしつけをする、つまり、子供自身のためという名目の下で行われることが多い。そのような場合に、子が親の懲戒に反対することは、自己のために行為する親を否定し、親の愛に異を唱えるものとして子に深い罪悪感をもたらすことになる[150]など、親の懲戒行為に対して子が自由な意思決定を行うことは困難といえよう。

このように、親に対する子による承諾は、類型的に真意に基づくものでない蓋然性があるといえ、児童に対する虐待を防止するという観点からは、親の懲戒行為の違法性を阻却する根拠として被害者の承諾を認めることはできない。

第4節　親の監護教育上の措置の可罰性の範囲に影響を及ぼしうる事項

親の監護教育権の行使としての措置が刑法上罰されるかどうかに影響を及

---

147) 加藤俊治「性犯罪に対処するための刑法改正の概要」法律のひろば2017年8月号（2017年）57頁以下。

148) 加藤俊治「性犯罪に対処するための刑法の一部改正に関する法制審議会の答申」法律のひろば2016年10月号（2016年）54頁。

149) 橋爪隆「性犯罪に対処するための刑法改正について」法律のひろば2017年11月号（2017年）9頁。

150) 信田さよ子「家庭内暴力を超える」神原文子・杉井潤子・竹田美知編著『よくわかる現代家族［第2版］』（ミネルヴァ書房、2016年）179頁参照。

34　第1章　我が国における議論

ぽすものは、親の懲戒に対する社会通念の変化のみではない。

　判例上、傷害罪における「傷害」の定義は、「健康状態の不良変更」[151]とされている。この傷害の定義自体は変更されていないものの、かつては傷害に該当するかどうかが診断できなかったものが診断できるようになっている。例えば、PTSD のような精神的機能の障害についても、「傷害」に該当すると認定されている[152]。また、最近の判例においては一時的な意識障害及び筋弛緩作用も傷害にあたるとされる[153]など、傷害に該当するとされうるものの範囲は広がりをみせている。このような「傷害」とされるものの範囲の広がりは、親の監護教育における措置に対し、今まで見逃されていた体罰を規制する方向で影響を及ぼす。

　また、現在、児童虐待が子に与える影響に関して、かつては認識することができなかったものが科学技術と医療分野の進歩により明らかにされてきている。例えば、MRI を用いたトラクトグラフィーにより、親から日常的な暴言にさらされることや、子供時代に家庭内暴力（DV）を目撃することによる脳への影響が、言語理解に関与する領域の神経細胞の突起の減少や脳の特定の部位の容積の減少などという形で、視覚的に明らかになってきている[154]。かつては目に見えないとされていた精神分野に関するものが、目に見える形での脳の物理的な変化など、視覚や数値によって判断できるものになってきているのである。このような科学技術と医療分野における進歩も、かつては見逃されていた親の体罰等の影響を明らかにし、法益侵害結果や因果関係の立証等に影響を与え、いずれ「傷害」の認定を容易にするなど、親の懲戒的行為をより規制する方向で影響を及ぼすことになるだろう。

　本稿においては深く立ち入ることはしないが、以上のように親の監護教育における措置とその可罰性の範囲に影響を及ぼすものは、親の懲戒に関する

151）大判明治45年6月20日・刑録18輯896頁など。
152）最決平成24年7月24日・刑集66巻8号709頁。
153）最決平成24年1月30日・刑集66巻1号36頁。
154）友田明美『新版　いやされない傷——児童虐待と傷ついていく脳』（診断と治療社、2012年）81頁〜93頁参照。なお、同氏については2022年に査読に関する研究不正が発覚しており、6本の論文が撤回された。もっとも、福井大学の調査では捏造等はないとされており、本書で引用文献としたものは撤回された論文には該当していない。

社会通念の変化以外にも存在し、現在、その影響はおよそかつて見逃されていた親権（懲戒権）の濫用を規制する方向で作用しているといえるだろう。

第5節　小　括

　本章では、親権の行使として許容される範囲を画する検討のための土台を得るために、親権、懲戒権について明治期から令和にかけての変遷を概観した。

　親権者による懲戒行為（子の問題行動等に対して制裁を加える行為）は、昭和〜平成の通説によれば私法上の懲戒権を根拠として刑法35条により違法性が阻却されると説明された。

　私法上の「懲戒権」は慣習に基づくものであり、時代の流れとともに変化している。明治期においては残酷な方法でなければ子を懲戒として殴ってもよいという発想のもと、懲戒の内容はかなりハードなものも許されると考えられていた。昭和の時代においても、殴る、捻る等の有形力の行使は懲戒権の行使として許されると考えられていた。これに対して現在では、懲戒権の行使として体罰を加えることは許されないと考えられるに至った。平成後期には、起草者たちの認識とは異なり懲戒権は監護教育権の中に含まれるものと解されており、懲戒権規定は不要なものと考えられた。そして令和になり、児童虐待防止の観点から、懲戒権規定は削除され、体罰のように肉体的苦痛を与える行為のみならず精神的苦痛を与える行為についても「子の心身の健全な発達に有害な影響を及ぼす言動」として禁止されるに至った。

　懲戒権規定は削除されたが、監護教育権の範囲内において行われる正当なしつけについては民法820条によって行うことができ、刑法上も違法性が阻却されうるということになる。一方、親の措置が民法821条の体罰等に該当すると判断された場合には、親の監護教育権の範囲外の行為として民法上許容されるものではなく、刑法上も違法性は阻却されない。

　したがって、親権の行使として許容される範囲を画するに当たっては民法821条の体罰等に該当する範囲が問題となるが、立案担当者はその範囲について「最終的には、当該子の年齢、健康、心身の発達状況、当該行為が行わ

れた場所的及び時間的環境、当該行為の態様等の諸条件を総合的に考慮し、個々の事案ごとに判断されるもの」であると説明しており、その範囲の広狭は考慮要素をどのように評価・判断するかによることになる。

以上のように、本章では、親の監護及び教育を目的としてなされた行為が正当化される範囲は、その行為が民法821条の体罰等に該当するかによって画されるものであるが、その行為が民法821条の体罰等にあたるかという問題は事例ごとの具体的・個別的な判断にならざるを得ないという、親の行為が正当化される範囲を一般的に確定する上で難しい課題があるということを確認した。

第2章

教師の懲戒権

　令和4年の民法改正により、親に認められていた民法上の懲戒権規定（前民法822条）は削除された。親の懲戒権とは異なる「懲戒権」として、学校教育法11条に規定される教師の懲戒権がある。教師の懲戒権の行使については裁判例の蓄積があり、親権者の監護教育権の行使として許容される範囲を検討するにあたって参考になると思われる。また、今回の民法上の懲戒権規定の削除は教師の懲戒権にどのような影響を及ぼしうるのかということも検討を要する課題である[1]。

　そこで、本章では、まず、教師の懲戒権について確認した後、教師の懲戒権と親の懲戒権（現在、親の「懲戒権」規定は削除されているが、本章では民法820条により可能な範囲における、問題行動等をする子供に制裁等をもって教育をする権限と併せて「懲戒権」と記述する）の関係について検討する。そして、最後に教師の懲戒権に関する裁判例を概観・分析することで親の子に対する措置が親権の行使として許容される範囲を検討するための土台を得る。

第1節　教師の懲戒権と体罰

第1款　教師の懲戒の意義

　教師の懲戒権は、学校教育法11条において「校長及び教員は、教育上必要があると認めるときは、文部科学大臣の定めるところにより、児童、生徒、及び学生に懲戒を加えることができる。ただし、体罰を加えることはできない」と規定される。ここでいう「懲戒」には、退学や停学といった法的効果

1）喜多明人「叱る教育、教育行き過ぎ論を見直す——エディケーショナル・ハラスメントの視点から」季刊教育法208号（エイデル研究所、2021年）108頁は、「民法上の『懲戒』法制が廃止されていく中で、教育法上の学校・教師の『懲戒』法制も無傷ではいられまい」と指摘する。法制審議会民法（親子法制）部会第2回会議議事録［棚村委員発言］48、49頁も関連性を指摘している。

を伴う懲戒と、叱責等の事実行為としての懲戒があるとされる[2]。特に後者の懲戒は教育権の一環としての処分であると理解されており[3]、学校教育法施行規則26条1項は、「校長及び教員が児童等に懲戒を加えるに当たつては、児童等の心身の発達に応ずる等教育上必要な配慮をしなければならない」と規定している。本稿において検討の対象とするのは、後者の事実行為としての懲戒である。

　事実行為としての懲戒は、児童、生徒、学生（以下「生徒等」という）の教育上の義務の違反（非違行為）に対する制裁であると理解されており[4]、本来は生徒等の非違行為が前提となる。

　平成25年の文部科学省通知[5]では、事実行為としての懲戒の例として、「児童生徒に肉体的苦痛を与えるものでない限り、通常、懲戒権の範囲内と判断されると考えられる行為として、注意、叱責、居残り、別室指導、起立、宿題、清掃、学校当番の割当て、文書指導などがある」としている。

第2款　教師の体罰の意義

　学校教育法11条ただし書にいう「体罰」は、教育法分野では、「①学校教育法関係の下で、②教員が、直接または間接に、生徒らに対して行う、③教育目的をもった、④懲戒行為のうち、⑤生徒らの肉体に苦痛を与える行為をいう」[6]とする説が有力であった。上述の平成25年の文部科学省通知では、体罰について、「その懲戒の内容が身体的性質のもの、すなわち、身体に対する侵害を内容とするもの（殴る、蹴る等）、児童生徒に肉体的苦痛を与えるようなもの（正座・直立等特定の姿勢を長時間にわたって保持させる等）に当たると

2）鈴木勲編著『逐条　学校教育法〈第9次改訂版〉』（学陽書房、2022年）107頁。
3）牧柾名「教師の懲戒権の教育法的検討」牧柾名・今橋盛勝編著『教師の懲戒と体罰』（総合労働研究所、1982年）20頁、兼子仁『教育法〔新版〕』（有斐閣、1978年）433頁。なお、前者の法的効果を伴う懲戒については秩序維持のための管理的処分であると捉える見解（牧・同20頁等）と、あくまでも教育的処分の一環であるとする見解（兼子・同446頁等）とに分かれる。
4）牧・前掲注3）20頁。
5）文部科学省（通知）「体罰の禁止及び児童生徒理解に基づく指導の徹底について」（24文科初第1269号平成25年3月13日）。
6）今橋盛勝「体罰の法概念・法意識・法規範・法関係」牧柾名・今橋盛勝編著『教師の懲戒と体罰』（総合労働研究所、1982年）54頁。

判断された場合は、体罰に該当する」としており、上記学説の定義と概ね一致する。

　学校教育法にいう「体罰」は、懲戒行為であること、つまり、教育的行為であることを前提としているのであり、教師が生徒等に肉体的苦痛を与える行為は、教育目的性が客観的に認められない場合には「体罰」にすら該当しない、単なる暴行ないし傷害行為ということになる[7]。また、例えば部活動における競技上のミスに対する制裁といった、本来的に生徒の非違行為を前提としないものは、懲戒行為に該当しないため、学校教育法にいう「体罰」にはあたらないことになるはずである。もっとも、裁判例は生徒の非違行為を前提としない、部活動中の有形力の行使等についても、広義の「体罰」として学校教育法11条ただし書が問題となり、「体罰」該当性が認められる場合には違法性が阻却されないとしている[8] [9]。

第3款　戦前・戦後における教師の懲戒権及び体罰禁止規定

　戦前、体罰は既に小学校令[10]によって禁止されていたものの、この規定は事実上空文化していた[11]。後述するように、戦前、教師の懲戒権の行使とし

　7）今橋・前掲注6）56頁。今橋は、「11条ただし書の規定は、教育目的をもった懲戒行為であっても、その方法としては体罰を用いてはならないとしているところに法的意義が認められる」とする。

　8）例えば、県立高校陸上部顧問の体罰・暴言の後に女子生徒が自殺するに至ったことについて、高校設置管理者の国家賠償責任を問うた事案である岐阜地判平成5年9月6日・判タ851号170頁は、部活動も学校教育活動である以上は部活動中の指導・懲戒行為についても学校教育法11条ただし書が適用され、「『体罰』ないし正当な懲戒権の範囲を逸脱した行為は違法」であるとする。また、後述する桜宮高校体罰死事件の民事訴訟の判決（東京地判平成28年2月24日・判タ1432号204頁）は非違行為を前提とする制裁を「狭義の体罰」、非違行為を前提としないが、生徒の対応が教員の意に沿わない場合における制裁を「広義の体罰」とした上で、後者は学校教育法11条ただし書の趣旨に鑑み暴行としての違法性が阻却されないとする。

　9）スポーツ指導においては、通常の練習の範囲においても肉体的な苦痛を伴う有形力の行使がありうる（例えば、柔道において指導者が手本を示すために選手を投げる行為など）。そのため、ミスに対する制裁が通常の練習と同じ態様においてなされるとき、体罰該当性の判断は困難なものとなる。本稿の立場では、指導者の主観がその練習そのものによる当該選手の強化を目的とするのではなく、もっぱら罰や罰による動機付けを目的とするときに「体罰」該当性が認められることとなる。

　10）明治23年勅令第215号63条：小学校長及教員ハ児童ニ体罰ヲ加フルコトヲ得ス。その後、明治33年勅令第344号47条（後掲注15参照）で現行法とほぼ同内容の規定となる。

　11）牧・前掲注3）28頁。

40 第2章 教師の懲戒権

ての有形力の行使は、親に懲戒権の行使として体罰が許容されていたこととのアナロジーから正当化されていたのである。

　戦後になり、民主主義的教育体制へと教育改革される中で学校教育法（昭和22年3月29日法律第26号）が制定され、教師の懲戒権は11条に規定された。もっとも、学校教育法の制定過程において懲戒権規定や体罰禁止規定はほとんど議論されなかった[12]。また、体罰禁止規定は旧制度との調整という法整備的意図によって挿入されたのであり、子供の人権保障という意識はなく、旧法制を無反省に引き継いだものであるとの指摘もある[13]。このように、学校教育法の制定過程において、教師の懲戒権及び体罰がほとんど議論の対象とならなかったことは留意すべきである。

　戦後も、体罰禁止規定が事実上空文化していた戦前の状態が直ちに断絶することはなかった。体罰擁護論は根強く存在しており、例えば、教育学者の杉原清四郎は、体罰の全面禁止は「教育を衰弱させ」るものであり、また、体罰の全面禁止は「法律に書いてあることが一人歩きしてまったく現実にあわない拡大適用が行われ」るものであり、子供の教育に必要な体罰と行きすぎた暴力を区別せずに体罰の全面禁止というのは「善良な教師があまりにも気の毒」とすら主張する[14]。また、体罰に対するこのような態度・教育観は一部の裁判例においてもみられる。後述する東京高判昭和56年4月1日・判時1007号133頁（水戸五中事件）は、体罰は学校教育法11条ただし書によって禁止されるとしつつも、教師の有形力行使の体罰該当性の判断において、「生徒の好ましからざる行状についてたしなめたり、警告したり、叱責したりする時に、単なる身体的接触よりもやや強度の外的刺激（有形力の行使）を生徒の身体に与えることが、注意事項のゆるがせにできない重大さを生徒に強く意識させると共に、教師の生活指導における毅然たる姿勢・考え方ないしは教育的熱意を相手方に感得させることになつて、教育上肝要な注意喚起

12）「第九二回帝国議会」『近代日本教育制度資料　第三十二巻』（講談社、1964年）156頁以下参照。両院とも本議会において懲戒権規定及び体罰についての言及はなかった。

13）寺崎弘昭・金次淑子「日本における学校体罰禁止法制の歴史」牧柾名・今橋盛勝・林量俶・寺崎弘昭編『懲戒・体罰の法制と実態』（学陽書房、1992年）54頁以下。

14）「座談会　臨教審と教育基本法」『現代のエスプリ別冊　臨教審と教育基本法』1992年12月号27頁以下。

行為ないしは覚醒行為として機能し、効果があることも明らかであるから、教育作用をしてその本来の機能と効果を教育の場で十分に発揮させるためには、懲戒の方法・形態としては単なる口頭の説教のみにとどまることなく、そのような方法・形態の懲戒によるだけでは微温的に過ぎて感銘力に欠け、生徒に訴える力に乏しいと認められる時は、教師は必要に応じ生徒に対し一定の限度内で有形力を行使することも許されてよい場合があることを認めるのでなければ、教育内容はいたずらに硬直化し、血の通わない形式的なものに堕して、実効的な生きた教育活動が阻害され、ないしは不可能になる虞れがあることも、これまた否定することができない」（傍点筆者）と述べ、一定程度の有形力の行使を教育上必要であるという教育観を示した。

第2節　親の懲戒権と教師の懲戒権

第1款　裁判例からみる親の懲戒権と教師の懲戒権の関係性

　親と教師の懲戒権について言及した裁判例としては、まず、民事事件（損害賠償請求事件）ではあるが、福岡地裁久留米支判昭和5年11月26日・法律新聞3221号4頁が挙げられる。これは、尋常小学校4年生の児童が、親の押印を求められた国語成績品に親に無断で親の印章を押捺して提出したところ、4年生の担当教員であった被告が、児童の顎部を叩いたという事案である。裁判所は3、4回叩いた事実を認定し、小学校令（明治33年勅令第344号）47条ただし書[15]によって体罰が禁止されていることを確認した上で、身体に傷害を生じさせない程度に軽く叩くといったことは、父兄がその保護下にある子弟に対する懲戒の方法としてしばしば用いられているところであり、それに照らせば小学校教員が懲戒の手段としてこのような有形力を行使することができないとすることは、社会通念上妥当ということはできないとし、一定程度の有形力の行使を懲戒権行使の範囲内の行為として認めた。このように、戦前、教師の懲戒権の行使としての有形力の行使は、親に懲戒権の行使とし

---

15)「小学校長及教員ハ教育上必要ト認メタルトキハ児童ニ懲戒ヲ加フルコトヲ得但シ体罰ヲ加フルコトヲ得ス」。

42 第2章 教師の懲戒権

ての体罰が許容されていたこととのアナロジーから正当化されていたのである[16]。

　このアナロジーからの正当化に関して、牧柾名は、戦前は「天皇を頂点とする支配・服従関係のなかに家父長的秩序も官僚的教育支配秩序も包含されて」おり、「親に対する子、教員に対する生徒は、被支配者、従属者としての位置を占めて」おり、「その関係を維持する手段として親と教師の懲戒が存在した」と指摘する[17]。また、利谷信義は、明治33年小学校令における懲戒権では、「学校秩序の確立が前面に出ている」とみることができ、「明治民法の懲戒権は、……家族秩序の維持手段としての性格が、つよく前面に出てき」ていることから、「明治民法の親の懲戒権と、明治33年小学校令の教師の懲戒権とは、共通の性格を持つもの」とみることができると指摘している[18]。つまり、天皇制秩序を背景にした戦前における教師の懲戒権は、親の懲戒権と並列、同等の関係にあったと理解される。

　このように、親権者の体罰が一定の範囲で正当化されていたことを前提に、戦前においては、親権者の懲戒権と並列の関係にある教師の懲戒権においても、親権者の懲戒権とのアナロジーから、叩く等の教師の有形力の行使が、一定の範囲で法令上の「体罰」に至らないとすることで事実上許容された[19]。つまり、教師の懲戒権は親の懲戒権に由来するのではなく、国家体制を媒介することで親の懲戒権と同列のものとして[20]、親に許される範囲において教師にも事実上「体罰」（に該当しうる有形力の行使）が許容されたのである。

　戦後に至って、このようなアナロジーからの正当化は否定されることとなる。このアナロジーを正面から否定したものとして、大阪高判昭和30年5月16日・高刑8巻4号545頁が挙げられる。同判決は、教師が小学生の頭部をこぶしで1回殴打した事案につき、「殴打のような暴行行為は、たとえ教

16）牧・前掲注3）27頁。
17）牧・前掲注3）28頁。
18）利谷信義「判批」『教育判例百選（第二版）』（有斐閣、1979年）122頁。
19）利谷・前掲注18）122頁は、福岡地裁久留米支部昭和5年判決は親の懲戒権行使の現実をもって体罰禁止規定を骨抜きにするものであったと批判する。
20）有地亨「親の懲戒権と教師の懲戒権」季刊教育法27号（総合労働研究所、1978年）84頁参照。

育上必要があるとする懲戒行為としてでも、その理由によつて犯罪の成立上違法性を阻却せしめるというような法意であるとは、とうてい解されない」と判示したものであり、学校教育法11条ただし書にいう「体罰」の解釈についてのリーディングケースとされる。この事件では、弁護人は控訴趣意書[21]において、父母が懲戒権の行使において段打することも必要な範囲であれば刑事上の責任を負わないと判示した明治時代の大審院判例[22]を援用した上で、「学校教職員の其児童に対する懲戒権も親権者の懲戒権と其の軌を一にする」ため、父母が懲戒の必要上体罰を加える場合に刑法上の暴行罪の対象とならないのと同様に、教師の場合も必要な範囲内での体罰は刑罰法規の対象にならないと主張した。大阪高裁はこのような弁護人の主張に対し、「親という血縁に基づいて教育のほか監護の権利と義務のある親権の場合と教育の場でつながるにすぎない本件の場合とには本質的に差異があること看過してこれを混同するものであり……適切ではない」と判示し、これを退けた。

この判決は、戦前のように国家体制を媒体として教師と親の懲戒権が並列・同等のものであるとすることを否定するものである[23]。もっとも、この判示については、「親の懲戒権行使の現実から体罰を容認しようとする考え方を阻止するには有効であるがそれ以上のものではない」[24]との指摘もあるところであり、両者の関係性についてはさらなる検討が必要である。

そこで、以下では親と教師の懲戒権の関係性について、教育法及び民法の学説上はどのように理解されているかについて確認する。

第2款　学説からみる教師の懲戒権の法的根拠と親の懲戒権の関係性
第1項　教師の懲戒権は何に由来するか

ここでは、教師の懲戒権は何に由来するのかについて確認する。学校教育法11条に定められた教師の懲戒権の法的根拠としては、公権力的権限に由来

---

21) 今橋盛勝・安藤博・北村泰三「資料編」牧柾名・今橋盛勝『教師の懲戒と体罰』（総合労働研究所、1982年）282頁以下による。

22) 大判明治37年2月1日・刑録10輯122頁。

23) 大阪高裁は教師の懲戒権について「教育の場でつながるにすぎない」と述べていることから、親より教師の懲戒権の範囲の方が狭いと理解していることが推測できる。

24) 利谷・前掲注18) 122頁。

するという考え方と、親の懲戒権に由来するという考え方、在学契約関係自体に由来するという考え方に大別できる。以下では、それぞれについて概観・検討する。

1 公権力的権限に由来するという考え方

第一は、教師の児童に対する懲戒権は、特別権力関係に基づくものであり、公権力的権限に由来するという、かつて主張された見解である[25]。

もっとも、現在我が国においてこの考え方は採られていない。その理由として、私立学校においても国公立学校と同様に懲戒権等が認められているのであり、国公立学校と私立学校では基本的に同じ法律関係が存在するとみるべきであるから、国公立学校の教師の懲戒権を公権力的権限として説明することはできない[26]と説明される。

以上のように、現在の教育法制においては学校教育法11条を「学校教師に公権力権限としての懲戒権をとくに授権したものと読むことはできない」[27]。

2 親の懲戒権に由来するという考え方

第二は、教師の懲戒権の法的根拠は、親の懲戒権の委任によるものであるという見解である。文教委員長として学校教育法、教育基本法等の教育関係法の審議にあたっていた田中耕太郎は、子女の教育に関しては両親が本源的教育権（人間性に由来する不可侵、不可譲の教育権）を有しており、教師等の他の教育権者は両親から委託されて補充的・延長的に教育を行うものであり、そ

---

25) 荒木茂久二・熊埜御堂定『國民學校令正義』（目黒書店、1941年）93頁参照（ただし、学校教育法11条の前身とされる国民学校令20条についての記述である）。また、有倉遼吉・天城勲『教育關係法〔Ⅰ〕』（日本評論新社、1958年）77頁は、国公立学校について「懲戒権も特別権力関係の内容として規定されている」とする。牧・前掲注3）28頁も、戦前の教師の懲戒権は特別権力関係に基づいていたとする。また、ドイツにおいても、行政法学上、教師の懲戒権は学校の営造物権力（Anstaltsgewalt）と結び付けられており（Vgl. Otto Mayer, Deutsches Verwaltungsrecht, Bd. 2, 3. Aufl., 1924, S. 288, Anm. 8)、かつてライヒ裁判所（RGSt43,278）は、学校は「道徳的な人格となるよう教育を推進する任務を有しており、教育に関して任務及び義務を有すること、並びに、学校秩序の維持への配慮が、秩序罰と懲戒（Disziplinarstrafen）を認めることを要求する」として、教師の教育的任務から懲戒権の根拠を導き出していた。ドイツ刑法学説上もライヒ裁判所の見解が踏襲されていた（Z.B. Heike Jung, Das Züchtigungsrecht des Lehrers, 1977, S29)。ただし、現在のドイツにおいて教師の懲戒権は違法阻却事由として認められていない。

26) 室井力『特別権力関係論』（勁草書房、1968年）401頁、伊藤進『児童・生徒の非行と学校教師の法的問題の検討』『教育私法論』（信山社、2000年）232頁（初出は教職研修81号、1979年）。

27) 兼子・前掲注3）433頁。

れは国公私立のいずれの学校であっても異なるものではないとする[28]。この
見解は、教師の懲戒権についても両親から教師に委託されると理解する。

　両親から教師に懲戒権が委託されると考える場合、①親（あるいは親集団）
の懲戒権という権利が単体として、教師に委託されると考える立場と、②親
の懲戒権が他の権利義務とともに、在学契約の効果の一部として教師に委託
されるという立場[29]が考えられる。このうち、後者については、教師の懲戒
権は在学契約に由来しているともいえる。

　教師の懲戒権の根拠を親の懲戒権の委託に求める見解については、いくつ
かの問題点が指摘されている。以下では、その批判について触れた上で、と
それに対する検討を加える。

（1）　まず、第一の批判は、親の懲戒権と教師の懲戒権は異質のものであ
り、親が行う場合には懲戒権の行使として許容される行為であっても、その
懲戒権を受任した教師にも同様の程度の懲戒が許容されると考えるのは不適
切であるという考え方が、大阪高裁昭和30年判決以降の裁判例において定着
しているというものである[30]。

　もっとも、教師の懲戒権を親からの委託に基づくと考えた上で、親と同程
度の内容の懲戒権が教師に認められるか、それとも親の懲戒権より制限され
るのかという問題を設定することは可能であり、この批判はここでは妥当し
ない。

（2）　第二の批判は、教師の懲戒権が個々の親の委任に基づくのであれば、
絶対に叱責等の懲戒を許容しないという親からは、教師は懲戒権を授権でき
ないこととなり[31]、教師はある生徒には懲戒を行うことができ、ある生徒に

28）田中耕太郎『学校教育法の理論』（有斐閣、1961年）160頁〜165頁。他に、教師の懲戒権を親
　の懲戒権に委託されたものとするものとして、有地・前掲注20）88頁（教師の懲戒権を、親か
　ら監護教育を付託されて、親の懲戒権を代行するものであるとする見解）、坂本秀夫『生徒懲戒
　の研究』（学陽書房、1982年）14頁（教師の懲戒権を、親集団が親の教育権を教師に信託したこ
　とに由来する全体的な教育権に基づく（したがって、個々の親からの懲戒権の付託、つまり、
　親の懲戒権の直接の委任とは異なる）ものとする見解）など。教育法分野において有力に唱え
　られていたようである。

29）中野進『在学契約上の権利と義務』（三省堂、1999年）199頁。

30）坂本・前掲注28）14頁。

31）「親権者は委託の事前ないし事後に監護教育について受託者に指図することができ、受託者は
　指図があればこれに従うべきであり、指図に従うことが委託の本旨に適合せず、とみられる場

46　第 2 章　教師の懲戒権

は懲戒を行うことができないという、学校教育において許されざる不公平な結果に陥るというもの[32]である。また、親が懲戒権の不行使を教師に指図する場面以外にも、親は子を在学させたまま、懲戒権についてのみ委任を解除することができるのかという問題が生じる。本来、子の懲戒を委任した親は、委任期間の定めの有無にかかわらずいつでもこれを解除できるはずである[33][34]。しかし、子を在学させたままで懲戒権についてのみ委任を解除することは現実的ではないだろう。

　そこで、この批判及び問題について検討する。まず、懲戒権の委託があるといえるか否かについては、当事者に「懲戒権についてのみ委託する意思」が存在するか否かという点が問題になる。この意思が仮に存在するとすれば、委託の成立自体には問題はない。一方で、親が特に不授権を望んでいる場合、懲戒権のみを対象とした委託契約の成立を認めることは難しい。また、委託は解除権の濫用にあたらない限りいつでも解除できるため、親が子の懲戒を望まない場合には、懲戒権のみを対象とする委託契約は解除されうることになる。もっとも、契約解釈においては、当事者が明文で合意していない部分や、消極的に考えている部分についても契約の趣旨等に照らして法律効果が認められるものがある[35]。これを在学契約について考える。まず、在学契約により、教師は児童・生徒たる子に対して、教育をなす義務（教育給付義務）を不可欠的に負うことになる。そして、「教育的懲戒は教育的手段の一つにほかならない」[36]のであり、教師の懲戒権は、教育給付義務の履行

　　合は委託者に連絡して指図の変更を求めるべきである」（於保不二雄・中川淳編『新版注釈民法（25）親族（5）〔改訂版〕』（有斐閣、2004年）73頁〔秋山和夫・國府剛〕）。
32)　坂本・前掲注28）14頁。
33)　民法651条 1 項：委任は、各当事者がいつでもその解除をすることができる。
34)　秋山和夫・國府剛・前掲注31）75頁は、委託契約（一種の準委任契約）を解除することが子の福祉に反する場合には解除権の濫用にあたるが、このような事情のない限り子の監護を委託した親権者が委託期間の定めの有無にかかわらずいつでも委託契約を解除できるとする。
35)　「①両当事者がその契約をした具体的な目的を実現するために、当該事項についてどうすべきかということを確定できるときには、それにしたがって契約が補充されることになる。……②両当事者が契約で定めている内容に照らすと、当該事項についてもその内容を類推することができるときには、それにしたがって契約が補充されることになる」（法制審議会民法（債権関係）委員等提供資料・山本敬三「民法（債権関係）部会資料75B　第 2 『契約の解釈』に関する意見書」（2014年）4 頁）。
36)　中野・前掲注29）200頁。

のために必要な権能として、在学契約を根拠にその委託が直接認められなければならない。つまり、教師の懲戒権については、個別に親が教師に懲戒権を委託せずとも（上述の個別の委託に基づく懲戒権とは別に）、在学契約によって教育給付義務の履行が求められる以上、当該在学契約の補充的解釈の結果として懲戒権の委託が認められることになる。

したがって、懲戒権を行使するなという親権者による指図や、懲戒権のみについての委任の解除の可否といった問題は、懲戒権のみを対象とする委託に関しては指図や解除等が可能であるとしても、後者の在学契約に基づく懲戒権に関しては、在学契約という大枠の中で、そういった指図が濫用にあたらないか、あるいは在学契約のうち懲戒権のみの解除という部分解除が可能かという問題に帰着する。そして、これらの指図や部分解除が在学契約との関係では否定されるべきであると考えると、在学する生徒等について懲戒権が欠けるという事態は生じえず、批判や問題点は妥当しないことになる。

（3）　第三の批判は、「公教育を単なる親の監督教育の代行として捉えることは妥当ではない」というものである[37]。

戦前の教育制度においては、天皇を頂点とし、親と教師は共に国力増強等の国家的目的に資するために子女を教育するものであり、臣民たる子女は教育を受ける義務を、それを担保するために親は教育を受けさせる就学義務を負っていた[38]。しかし、戦後になり新憲法の下で教育改革が行われ、義務教育は子女自身の人間的成長、発達のための学習権を保障するものとして理解されるようになった[39]。

現在、文部科学省は義務教育の目的を「国家・社会の形成者として共通に求められる最低限の基盤的な資質の育成」という国民国家を存続させる観点から国家的・社会的に要請される側面と、「国民の教育を受ける権利の最小限の社会的保障」という子供等の可能性を開花させる機会を与える役割という側面を中心にとらえる[40]。子の教育を受ける権利の保障に重点を置くので

---

37)　伊藤・前掲注26）232頁。
38)　兼子・前掲注3）137頁以下。
39)　兼子・前掲注3）195頁以下。
40)　文部科学省「義務教育に係る諸制度の在り方について（初等中等教育分科会審議のまとめ）
　　2　義務教育の目的、目標」（平成17年1月）。

48　第2章　教師の懲戒権

あれば、子の本源的教育権が保護者にあると考えた上で、教師は教育の専門家として教育を委託され、これを補充的に行うものと考えることに問題はない。一方、国民国家を持続させるためのものという側面を重視するのであれば、公教育を親の監護教育の単なる代行とみることは問題があるといえよう。

（4）　最後に、第四の批判としては、教師の懲戒権を親子という血縁を前提とした親権的懲戒権と同視することにも問題があるというものがある[41]。

従来、親の懲戒権行使に際しては学校教育法上教師には許されない体罰が一定程度許容されると考えられていたため、親の懲戒権行使として許容される範囲の方が教師の場合よりも広いとされていた。その上で、親と教師の懲戒権が同質なものであるのか否かという問題は、教師の有形力の行使が懲戒権の行使としてどの程度許容されるかという観点から意義を持ち得た。しかし、現在では親の懲戒権規定（前民法822条）は削除され、民法821条により親権の行使における体罰禁止が明文化されたため、親の懲戒権と教師の懲戒権が同質か否かという問題は、上記の観点からは従来通りの意義を持たなくなったといえる[42]。

懲戒権の行使として許容される範囲に関する問題を除いて考えるのであれば、教師の懲戒権を親の懲戒権と同質のものとして考えて良いか否かという問題は、教師の事実上の懲戒権行使における公的性質をどれほど重視するのかという問題に帰着するように思われる。つまり、親による教育も教師による教育もどちらも本質的には同じであると考えるのであれば、教育手段としての懲戒措置の性質が教師と親とで同視できると捉えることに問題はないが、教師による教育に親の教育とは本質的に異なる公的な性質を見出すのであれば、同視することに問題が生じうるということになるだろう。

41）伊藤・前掲注26）232頁。

42）親の懲戒権（親権）行使に関しては、懲戒権規定（前民法822条）を削除され、民法821条で「体罰その他の子の心身の健全に発達に健全な発達に有害な影響を及ぼす言動」と精神的苦痛を与える行為を含めて明文で禁止されている一方、教師の懲戒権行使に関しては、懲戒権規定が残り、「体罰」が明文で禁止される。その上で、許容される範囲を比較するとき、むしろ文言上は、教師の懲戒権を親の懲戒権に由来するものと考える場合よりも、教師の専門性に基づき親の懲戒権とは独立に認められる権限であると考える場合の方が、教師の懲戒権の範囲をより広範なものとして捉えることが可能となる。

3 在学契約関係自体に由来するという考え方

最後に、第三の考え方は、教師の懲戒権は在学契約自体に由来するという考え方である。例えば、兼子は「学校教師の懲戒権は親が親権的懲戒権を在学契約によって委任したものではなく、子どもの学習権を保障すべき専門的教育権の一環として、在学契約関係に公教育の条理上伴うものとして解される権能」であると説明する[43]。

このように、教師の懲戒権が在学契約[44]に由来すると述べるときには、次の2つの構成がありうる。つまり、「2」で述べた在学契約の補充的解釈として懲戒権の委託が含まれているという構成と、在学契約の補充的解釈の結果として親権者の懲戒権とは異なる懲戒権が教師に認められるという構成である。

後者の見解は、在学契約によって学校当局が生徒等の権利を保証・制約する範囲及び根拠については、「各学校ごとの教育自治関係として、父母や生徒等の基本的な合意の下で慣習法的に」決められていくとしており[45]、懲戒権についても「学校教師の懲戒権の法的根拠は、……国公私立学校を通じて、在学契約に示された親ないし生徒本人の当該学校教育をうけるという基本的同意である」とする[46]。

このように教師の懲戒権の発生根拠を親の懲戒権の委託に求めないのであれば、教師の懲戒権の範囲は親の懲戒権の範囲とは独立なものとなりうる。

4 若干の整理と検討

教師の懲戒権の法的根拠としては、上述の①在学契約の補充的解釈として

---

43) 兼子・前掲注3）434頁。伊藤・前掲注26）233頁も同旨。
44) 在学契約の法的性質について民法学の視点から検討したものとして、伊藤「在学関係と契約理論」『教育私法論』53頁以下（初出は季刊教育法30号、1978年）。なお、伊藤は在学関係に関し、学校は生徒等を規律等できる「特殊部分社会」であり、生徒等は在学契約によってこの「特殊部分社会」の一員としての地位を取得し、その結果として生徒等は「いわゆる学校自治規範」によって規律されると説明する。本稿とは異なる見解であるが、在学契約が生徒が教育を受けることを主目的とするものであることからすると、懲戒権発生根拠に関しては補充的解釈によって説明する場合と結論において差異はないと思われる（上述の通り、伊藤は懲戒権の発生根拠に関して兼子・前掲注3）434頁を支持している）。
45) 兼子・前掲注3）410頁。
46) 兼子・前掲注3）434頁。もっとも、父母の同意（合意）という点で、親権の行使と無関係であるとまではいえないだろう。

50 第2章 教師の懲戒権

懲戒権の委託が含まれているという構成か②在学契約の補充的解釈の結果として親権者の懲戒権とは異なる懲戒権が教師に認められるという構成のいずれかが妥当ということになろう。いずれの構成で考えるにせよ、事実行為としての懲戒権については、学校教育法11条の規定がなくとも在学契約によって発生することになり、同条本文は確認的な意味しか持たないことになる[47]。また、上述のように①②いずれの構成を採るかということと、教師の懲戒権行使として許容される範囲の広さは連動しない。

　従来、学説と裁判例は、親の懲戒権行使においては体罰が許容されるとの前提の下、親の懲戒権の行使として許容される範囲の方が教師の場合の範囲よりも広範であると理解してきた。しかし、現在においては親の懲戒権規定（前民法821条）は削除され、親権の行使にあたっても民法821条の体罰等の禁止が明文化されたため、従来と現在とでは前提が異なる。

　①の構成を採る場合には、親の懲戒権規定が削除された以上、親は懲戒権を委託することができず、教師の懲戒権も許容されなくなるのではないかという疑問がありうる。しかし、教育に必要かつ相当な範囲のしつけについては、民法改正後も親権の行使としてできるのであり[48]、その範囲において教師への「懲戒権」の委託は可能であるため、教師は委託に基づいて必要かつ相当な範囲で教育の手段としての懲戒権を行使できる。もっとも、民法821条において、「体罰その他の子の心身の健全な発達に有害な影響を及ぼす言動をしてはならない」と規定されるところ、教師の懲戒権においても体罰のみならず心身の健全な発達に有害な影響を及ぼす言動は許容されないことになる。

　一方、②の構成を採る場合には、文言上は教師の懲戒権の方が親の懲戒権よりも広いと解釈できるのではないかという疑問が生じうる。もっとも、親の親権・懲戒権の不適切な行使がもたらす子への有害な影響は、教師が懲戒権を不適切に行使する場合においても発生しうるのであり、仮に子の成長や発達への悪影響を懸念して親の懲戒権の行使として許容される範囲がかつて

---

47) 兼子・前掲注3）434頁。
48) 法制審議会民法（親子法制）部会資料25-2「補足説明」（2022年）2頁。

より限定的に判断されるのであれば、同様に教師の懲戒権の行使として許容される範囲も縮小されることになろう。つまり、親において「子の心身の健全な発達に有害な影響を及ぼす言動」が禁止されるのであれば、教師の懲戒権行使においても「子の心身の健全な発達に有害な影響を及ぼす言動」は教育のために相当とされる範囲を超え許容されないと解すべきである。また、親は子に対し生活及び将来のために一般的な監護教育としてしつけを行うのに対し、教師は生徒等に対し、学校という特定の場における教育目的を達成するために懲戒を行うのであるから、懲戒を許される領域としては①②いずれの構成で考える場合においても親権者の場合の方が広くなる。また、同一領域においても、親子という親密な関係と、教師と生徒等という教育の場において一対多で接するにすぎない関係では、一般に前者の方がより厚く配慮[49]して当該子に対する措置を行うと考えられることから、①②いずれの構成で考える場合でも、親の親権の行使として許容される範囲の方が、教師の懲戒権の行使として許容される範囲よりも広いと考えるべきであろう[50]。

　なお、成年年齢を20歳から18歳に引き下げる民法の一部を改正する法律（平成30年法律第59号）が令和4年4月に施行された結果、高校3年生は誕生日を迎えると成年年齢に達し、親の親権に服さなくなることとなった（民法818条1項）。この改正により、成年に達した生徒に対する教師の懲戒権については、①の構成に立つ場合には子が成年に達した時点で委託の基礎となる親権そのものが消滅するため、教師も親の委託に基づく懲戒権を行使することはできないという帰結になる。しかし、同じ教室の中で18歳に達した一部の生徒にのみ全く懲戒権が及ばないというのであれば、その結論は妥当とは思われない。また、仮に①の構成による場合には成年に達した生徒に対する教師の懲戒権が認められないとすれば、②の構成による場合とで結論に相違が生じることとなる。そこで、成年年齢に達した生徒に対する教師の懲戒権についても若干の検討を加える。

---

49) ただし、当然これは実在するあらゆる親子関係が教師対生徒の関係よりも子を厚く扱っているということを意味しない。

50) 学校教師の懲戒権の範囲が親の懲戒権よりも狭いと解する民事裁判例として、千葉地判平成19年12月20日・LEX/DB 28140616が存在する。ただし、児童福祉施設の長の体罰が問題となった事案である。

52　第2章　教師の懲戒権

　この法改正に際し、生徒指導に関して懸念されたことは、「現在の高校における生徒に対する生活指導は、原則として親権者を介して行なっているところ、民法の成年年齢を18歳に引き下げると、高校3年生で成年（18歳）に達した生徒については、親権者を介しての指導が困難になり、教師が直接生徒と対峙せざるを得なくなり、生徒指導が困難になるおそれがある」[51]という点であった。成年年齢改正に向けた法制審議会においても、校長として高校教育に携わる氷海委員から「親が来なくても当然本人はもう自己責任という形に法はなっていますから、そういう色々な場面が想像されます。かなり大変だなと、そんなイメージがあります」という指摘がなされている[52]。そして、この点について法制審議会の最終報告書では「高校入学時に、在学中の指導等は親権者を介して行う旨の約束をするなどの方策が考えられる」[53]とされており、この法改正の公布後に出された文部科学省の通知[54]でも、「当該生徒等が成年年齢に達したか否かに関わらず、引き続き、父母等と連携しながら生徒指導・学生指導を行うことが必要である」と、父母との連携に関する記載がされている。また、教育学の分野からは、成年となった生徒への懲戒について、「平生から我が子の養育に限界を感じていた保護者は引き下げを機に義務がなくなったと捉える可能性が高くなる」が、子が親権に服さなくなった後でも「厳しい指導が必要なとき、保護者は学校任せにせず在学中の保障人としての責任を果たすことが求められる」という、父母の関与を求める主張がみられる[55]。

　このように、成年年齢の引き下げにあたっては、親権という親の義務が消失する中で、どのようにして学校の生活指導に対する親の理解と協力を得ていくかという点に焦点が当てられており、ここでは教師及び保護者に生活指

51）法制審議会民法成年年齢部会「民法の成年年齢引下げについての最終報告書」（2009年7月）15頁。
52）法制審議会民法成年年齢部会第2回会議議事録（2008年）22頁［氷海委員発言］。
53）法制審議会民法成年年齢部会「民法の成年年齢引下げについての最終報告書」（2009年7月）20頁。
54）文部科学省「成年年齢引下げ等を見据えた環境整備について（通知）」（30文科生第315号平成30年7月23日）。
55）渡津英一郎「民法の成年年齢引き下げに伴う高校教育への影響と対応策——保護者の学校への理解と協力・教育費負担——」愛知大学教職課程年報8号（2019年）42頁以下。

導等をする権限があることは前提にされていると理解できる。

　ここで、①の構成に立つ場合の成年年齢に達した生徒に対する教師の懲戒権の根拠に立ち返る。上述の通り、成年に達した生徒については親権の対象から外れるため、教師も親の委託に基づく懲戒権を行使することはできない。その上で、生徒が成年となった後にも生活指導・懲戒について教師の権限を認める構成としては、生徒本人の在学関係を継続するという挙動により表示される意思によって、高校教育の目的達成に必要な範囲の指導・懲戒については包括的な承諾が認められるというものが考えられる。このとき、生徒への指導・懲戒はあくまでも生徒本人の承諾を基礎とすることとなり、仮に生徒本人が事実行為としての懲戒に明示的に反対し、退学等という制裁的な懲戒処分を甘受するというのであれば、もはやそういった事実行為としての懲戒を受け入れないことも自由であるように思われる。このように、①の構成から成年に達した生徒に対する教師の懲戒権を認める場合、未成年の段階における生徒に対する懲戒権と成年に達した後の生徒に対する懲戒権とでは、その性質を異にすると理解することとなる。

　一方、在学契約そのものを根拠とする②の構成に立つ場合も、在学契約が継続する限りにおいて教師の懲戒権行使は成年に達した生徒に対しても可能である。

　したがって、このような理解を前提とすれば、成年に達した生徒に対する教師の懲戒権行使の範囲について、①②の構成による差はないと考えられる。

　以上の民法及び教育法の観点からの検討を前提として、刑法上の違法阻却事由としての懲戒権という観点から検討する。本稿では4章で後述するように、正当行為において刑法上違法性が阻却されるのは、当該措置によって保全あるいはもたらされる利益が、当該措置によって侵害される利益を優越するからであると理解する。教師の懲戒が構成要件に該当する場合に違法性が阻却されるか否かを判断するにあたっては、当該懲戒行為によって生徒にもたらされる利益と、懲戒による生徒への害が主に比較されることになる。①②の構成ともに、懲戒は子の教育のために用いられる手段の一つである以上、正当化されるか否かを判断する際の考慮要素及び教育上相当なものとし

54　第2章　教師の懲戒権

て正当化される範囲については、両構成による差はないと考えられる[56]。

第3節　裁判例における懲戒権と体罰の範囲

　上述のように本稿の立場からは、教師の生徒等に対する教育上の措置が懲戒権の行使として許容されるか否かについては、当該措置によってもたらされる利益と侵害される利益とを衡量して判断されることになるが、それは親の教育上の措置が親権の行使として正当化されるか否かの判断と共通するところがある。そのため、教師の懲戒権行使の限界について判断する裁判例は、親権の行使として許容される限界を検討するにあたっても参考になると考えられる。そこで、以下では教師の懲戒権行使の限界についてのリーディングケースと目されてきた3つの裁判例について検討した後、教師の懲戒権行使についての転機となった桜宮高校男子生徒体罰死事件とそれ以降の裁判例について概観し、検討・分析を加える[57]。

第1款　大阪高裁昭和30年5月16日判決[58]（刑事事件）

　学校教育法11条ただし書は「体罰を加えることはできない」と規定しており、令和元年改正児童虐待防止法と同様に明文において体罰を禁止して

56）②の構成に立った場合に、得られる利益として（ある種の見せしめとしての）他の生徒等への教育効果を考慮することも考えうる。しかし、事実行為としての懲戒に関しては、見せしめのために懲戒をして晒し上げることは、他の生徒等の教育のための手段として利用される当該生徒等の尊厳を傷つけるものである。在学契約は当該生徒等が教育を受けるために親権者等が合意して締結されるものであり、その教育は第一次的には当該生徒等のために向けられるべきものであることを考えれば、反射的効果として周囲の生徒等に教育効果をもたらすことがあるとしても、懲戒権行使としての正当化判断における考慮要素としては、他の生徒等への教育効果は考慮すべきでないように思われる。

57）教師の懲戒権行使と体罰に関する裁判例についての広範な研究として、宮原均「体罰に関する裁判例の傾向」東洋法学62巻2号（2018年）1頁。また、教師の懲戒権行使に関して刑事罰の成否を論じる近時の論稿として、中島広樹「教師による懲戒権の行使と違法性阻却」平成法政研究19巻2号（2015年）131頁や、上野純也「教師による身体的懲戒行為と暴行罪の構成要件解釈——刑法解釈論的アプローチを中心として——」日本政治法律研究3号（2021年）399頁。また、教師の懲戒権を主な対象とするものではないが、教師の有形力の行使に関する近時の裁判例を概観した上で、裁判例の考慮要素について分析するものとして、芥川正洋「子どもに対する有形力の行使と暴行罪の限界」法律時報95巻9号（2023年）81頁が存在する。

58）高刑8巻4号545頁。

いる。

　同法にいう「体罰」の解釈についてのリーディングケースとなったのは大阪高裁昭和30年 5 月16日判決であるとされる。同裁判例は、教師が小学生の頭部をこぶしで 1 回殴打した事案につき、「殴打のような暴行行為は、たとえ教育上必要があるとする懲戒行為としてでも、その理由によつて犯罪の成立上違法性を阻却せしめるというような法意であるとは、とうてい解されない」と判示した[59] [60]。このような厳格な態度はその後の複数の下級審裁判例[61]に影響を及ぼし、学説上も広く支持された[62]。

第 2 款　東京高裁昭和56年 4 月 1 日判決[63]（刑事事件）

　一方、東京高裁昭和56年 4 月 1 日判決は、中学校の女性教師 B が、「何だ、B と一緒か」と言いずっこけの動作（わざと急に膝を折って倒れるような仕草）をした被害者 A に対し、「何だ B、とは何ですか」とたしなめた上で、平手及び軽く握ったこぶしで A の頭部を数回殴打した行為につき、学校教育法11条、同法施行規則13条により教師に認められた正当な懲戒権の行使にあたると判断したものである。なお、A は 8 日後に脳内出血により死亡したが、事件発覚時にはすでに A の火葬も済んでおり、B の殴打行為と A の死亡との間に因果関係は認められなかった。

　原審は他の生徒たちの目撃証言を採用し、B が A から呼び捨てにされたことに憤慨してかなり強度の殴打行為に及んだと認定した。

　しかし、当審は、証人となった生徒たちが死亡した学友 A に対しては同

59）もっとも、前述の通り同判決は「親という血縁に基づいて教育のほか監護の権利と義務がある親権の場合と教育の場でつながるにすぎない本件の場合とには本質的に差異のある」ものと指摘しており、親権者による体罰が必要な範囲で認められていた当時において、親権者による懲戒の場合に射程が及んでいたとは言い難い。

60）上告審（最判昭和33年 4 月 3 日・裁判集刑124号31頁）は同裁判例の上記判断を「正当として是認することができる」とした。

61）例えば福岡地飯塚支判昭和34年10月 9 日・下民10巻10号2121頁、福岡地飯塚支判昭和45年 8 月12日・判タ252号114頁等。

62）長谷川幸介「体罰判例の教育法的検討」牧柾名・今橋盛勝編『教師の懲戒と体罰』（総合労働研究所、1982年）135頁以下、今橋盛勝「体罰の教育法的検討」季刊教育法27号（総合労働研究所、1978年）109頁以下等。

63）判時1007号133頁。

56   第2章　教師の懲戒権

情の念を抱いていたものの加害者のBにはそれとは反対の気持ちを抱いて
いたと推察されるとし、そのうち矛盾するような供述をしていた者の証言に
ついては「独自の先入観に基づき私情を混じえた証言」等とした上で信憑性
に乏しいとした。そして、原審とは違い動機・目的を私憤によるものではな
く教育目的とした上で、行為態様について、その場で約1、2分間にわた
り、「今言つたことをもう一度先生に言つてごらん」、「言つていいことと悪
いことがある。二年生になつたんだから、そんなことを判断できないのでは
いけない」、「そんなへらへらした気持ちでは三年生に対して申しわけが
ない。中堅学年としてもつとしやきつとしなければいけない」等と言葉で注
意を与えながら、同人の前額部付近を平手で1回押すように叩いたほか、右
手の拳を軽く握り、手の甲を上にし、もしくは小指側を下にして自分の肩あ
たりまで水平に上げ、そのまま拳を握り下ろして同人の頭部をこつこつと数
回叩いたという限度において、事実として認定した。

　同裁判例は、実効的な生きた教育活動に一定限度の有形力の行使が不可欠
であるので「いやしくも有形力の行使と見られる外形をもつた行為は学校教
育上の懲戒行為としては一切許容されないとすることは、本来学校教育法の
予想するところではない」とし、教師による懲戒に有形力の行使が含まれる
と解した上で、懲戒権の行使として相当と認められる範囲について「教育基
本法、学校教育法その他の関係諸法令にうかがわれる基本的な教育原理と教
育指針を念頭に置き、更に生徒の年齢、性別、性格、成育過程、身体的状
況、非行等の内容、懲戒の趣旨、有形力行使の態様・程度、教育的効果、身
体的侵害の大小・結果等を総合して、社会通念に則り、結局は各事例ごとに
相当性の有無を具体的・個別的に判定するほかはない」と判示した[64]。この
判決は、教育に有形力の行使は不可欠であるとの裁判官の教育観[65]を前提と

---

64)　なお、本判決に対しては、「体罰の判断基準ではなく、適法な有形力の判断基準を総花的に挙
　　げ」たものに過ぎないという批判が向けられている（今橋盛勝「体罰判例の教育法的検討」牧
　　柾名・今橋盛勝・林量俶・寺崎弘昭編著『懲戒・体罰の法制と実態』（学陽書房、1992年）75
　　頁）。「裁判例は、相当な有形力の行使を体罰の枠からはずした」ものであるという指摘もある
　　（安部哲夫「教師による体罰と暴行罪の成否」慶應義塾大学法学部編『慶應義塾創立125年記念
　　論文集・法律学関係』（慶應義塾大学法学部、1983年）182頁）。
65)　竹田敏彦『なぜ学校での体罰はなくならないのか——教育倫理学的アプローチで体罰概念を
　　質す』（ミネルヴァ書房、2016年）49頁以下は、大阪高判昭和30年が法理論に忠実である一方

し、教師の懲戒権行使の余地を広く認めたものであると評価できる。なお、本判決が出された昭和56年当時は校内暴力が著しく[66]、保護者の側からも教師の体罰に対して一定の要請がある[67]という時代であった。

この判決は違法阻却の判断における考慮要素を示しており、その後の下級審裁判例にはこれに従うものが出ている[68]。平成19年に文部科学省により出された通知[69]の別紙[70]では「学校教育法第11条ただし書にいう体罰は、いかなる場合においても行ってはならない」とした上で「教員等が児童生徒に対して行った懲戒の行為が体罰に当たるかどうかは、当該児童生徒の年齢、健康、心身の発達状況、当該行為が行われた場所的及び時間的環境、懲戒の態様等の諸条件を総合的に考え、個々の事案ごとに判断する必要がある」[71]としており、東京高裁昭和56年判決に倣っているものといえる[72]。

第3款　最高裁平成21年4月28日判決[73]（民事事件）

東京高裁昭和56年判決に親和的な最高裁判決として、教師の児童に対する有形力の行使が学校教育法11条ただし書により禁止される体罰に該当するかを判断した最高裁平成21年4月28日判決がある。

平成21年判決の事案の概要は次のとおりである。児童Sは小学2年生であり、有形力を行使した教師Tとの間に面識はなかった。休み時間にTが他の教員と3年生の男子を指導していたところ、Sはしゃがんだ姿勢をとっ

で、東京高判昭和56年は極めて教育論的であるとし、このような「法理論」と「教育論」という二つの視点が交わることなく独立して展開される点に体罰論の混乱状態を指摘する。

66) 校内暴力の事件数は昭和58年の2125件、検挙・補導数は昭和56年の1万468件をピークに大きく減少し、その後は増減を経て平成26年以降は減少し、令和3年に増加に転じ、令和4年は593件、636人である（法務総合研究所『犯罪白書（令和5年版）』（2024年）126頁）。

67) 例えば、本判決とは別件（安東中学校の体罰事件）であるが、昭和56年4月6日にPTA等から、体罰を行った教諭の不起訴を求める嘆願書が提出されている（資料「三教諭の不起訴を求めたPTA等の嘆願書」季刊教育法64号（エイデル研究所、1986年）196頁）。

68) 例えば、浦和地判昭和60年2月22日・判時1160号135頁、大阪地判平成9年3月28日・判時1634号102頁等。

69) 「問題行動を起こす児童に対する指導について」（18文科初第1019号平成19年2月5日）。

70) 「学校教育法第11条に規定する児童生徒の懲戒・体罰に関する考え方」。

71) 平成25年の通知（「体罰の禁止及び児童生徒理解に基づく指導の徹底について」（24文科初第1269号平成25年3月13日））においても同内容のものが記されている。

72) 同別紙は前記東京高裁昭和56年判決と前記浦和地裁昭和60年判決を引用している。

73) 民集63巻4号904頁。

ていた T の背中に覆いかぶさるように肩を揉んだ。T は S に離れるように言ったが S が肩を揉み続けたため、T は右手で S をふりほどいたところ、S は廊下に倒れた。そこに 6 年生の女子数名が通りかかったところ、S はその女子らを 2 年生の児童 A とともにじゃれつくように足で蹴り始めた。女子らが T に「いつも、この子達蹴ってくるんですよ」と言ったため、T は主に A に対し、このようなことをしてはいけないと注意した。その後 T が職員室に向かおうとしたところ、T の背後から S が、T の臀部付近を 2 回蹴り、逃げようとした。T はこの行為に立腹し、S を追いかけ、階段のところで S を捕まえ、階段を下りきったところで S の鎖骨付近の胸元を掴んで壁に押し当て、大きな声で「もう、すんなよ」と叱りつけた。その後、T が S から手を離したところ、その反動で T は階段の上に投げ出されて転ぶ形となった。

第一審[74]及び控訴審[75]は T が S に対して胸元を掴む等の有形力の行使をしたことにつき体罰にあたると判断した。第一審は、T の、女子らを蹴っていた A に対しては口頭で注意したに止まっていたという対応と、自己を蹴った S への対応を比較した上で、動機について、教育的配慮を超えて臀部を蹴られた個人的な腹立たしい感情を S にぶつけたものであると認定した。そして、行為態様について「胸元を掴み、壁に押さえつけながら、原告がつま先立ちになる程度に上向きにつり上げ」たと認定し、T の行為は教育的指導の内容から逸脱しており、体罰であると判断した。

控訴審は「胸元を掴み、壁に押さえつけながら、原告がつま先立ちになる程度に上向きにつり上げ」たという第一審での事実認定を「被控訴人の鎖骨付近の胸元の洋服を右手で掴んで壁に押し当て」と改めた上で、T の胸元を掴むという行為自体に着目し、①その行為が喧嘩闘争でしばしば見られる不穏当な行為であること、②面識のない T に胸元を掴まれた S の恐怖心は相当であったと推認されること、③ S を捕まえるのであれば他に穏当な方法をとりえたのであり、あえて胸元を掴む必要はなかったことを指摘し、T

74）熊本地判平成19年 6 月15日・判例地方自治319号18頁。
75）福岡高判平成20年 2 月26日・判例地方自治319号13頁。

の行為は社会通念に照らし教育的指導の範囲を逸脱するものであり、体罰に
あたると判断した。

　一方、最高裁はＴの行為が有形力の行使にあたるものの、肉体的苦痛を
与える目的でなされたものではなく、他人を蹴るというＳの一連の悪ふざ
けに対する指導のためになされたものである点を強調した上で、「本件行為
は、その目的、態様、継続時間等から判断して、教員が児童に対して行うこ
とが許される教育的指導の範囲を逸脱するものではなく、学校教育法11条た
だし書にいう体罰に該当するものではない」と判断した。

　第一審から最高裁までのこれら三つの判断については、理論枠組み自体に
おいてどれか一つが優越していると断言できるものではないという評価[76]も
あるが、有形力を行使した場合であっても「体罰」に該当しない場合がある
ことを示した点で重要な意義があると理解されている[77]。本判決は東京高判
昭和56年に近い考えを前提として諸事情を総合勘案して有形力行使が学校教
育法上の「体罰」に該当しないことがありうることを示したものであるとも
される[78]が、その考慮要素として挙げられているのは行為者側の事情のみで
ある。また、「本判決は、教員の児童に対する体罰を容認する立場に立つも
のではな」いとの評価[79]もあるものの、例えば本判決の直後には、大阪高
裁[80]が、小学６年生の児童の頬をつねった事案につき本判決と同様に「その
目的、態様、継続時間のほか、両者の関係、背景やその後の影響等からする
と、教員が児童に対して行うことが許される教育的指導の範囲を逸脱するも
のではなく、学校教育法11条ただし書にいう体罰に該当するものではない」
として頬をつねる行為の「体罰」該当性を否定するなど、体罰を許容する方
向で影響を及ぼしているようにもみえる。

　また、そもそも本判決の判断については疑問がある。第一審から最高裁ま
での判断は、社会通念に照らして教育的指導の範囲を逸脱するものか否かを

76）星野豊「児童に対する教員の有形力行使と『体罰』の解釈」私法判例リマークス41号（2010
　年）65頁。
77）葛西功洋「判批」判タ別冊29号（平21主判解）95頁。
78）「判批」判タ1299号（2009年）124頁。
79）葛西・前掲注77）95頁。
80）大阪高判平成21年６月25日・LLI/DB L06420394。

体罰か否かのメルクマールとしている。しかし、教育的指導の範囲を逸脱した懲戒を行った場合に違法となりうるのは、有形力の行使の場合に限らない（例えば大阪地裁平成31年3月27日判決[81]は、有形力の行使を伴わない懲戒権の行使についても教育的指導の範囲を逸脱する場合には、当該懲戒権の行使が国家賠償法上違法となる旨判示している）。つまり、教育的指導の範囲を逸脱した場合には、教師の生徒等に対する措置が体罰に該当するか否かにかかわらず懲戒権の行使としては認められない違法な行為となるのであり、教育的指導の範囲を逸脱したか否かは適正な懲戒権の行使といえるか否かのメルクマールとはなっても、教師の懲戒が「体罰」に該当するか否かのメルクマールにはならないのではないか。本判決のように教育的指導の範囲を逸脱するものか否かを体罰か否かのメルクマールとするのであれば、教師による懲戒権の行使としての罰を目的とする有形力の行使であっても「教育的指導の範囲」に含まれると裁判所に判断される限りにおいては体罰に該当しないこととなる。しかし、そもそも教育的指導の範囲を逸脱する教師の懲戒行為は体罰に該当せずとも学校教育法11条が許容した懲戒権の範囲に含まれず、懲戒権の行使としては許容されない違法なものにあたるのであり、体罰該当性判断を「教育的指導の範囲」に該当するか否かに委ねるとすると、殊更明文で体罰を禁止し、懲戒権を限界付けるはずであった学校教育法11条ただし書が実質的に意味をもたない規定となってしまう。本判決も、東京高裁昭和56年判決に批判が向けられるように、適法な有形力の行使の判断基準を挙げた上で、適法な有形力の行使と判断できるものを体罰の枠から外したに過ぎないのではないのか。仮にTの行為が指導のための手段としてなされたものであり、肉体的苦痛（罰）を与えることを目的としていないのであれば、その時点でTの行為は体罰には該当せず[82]、教育的指導の範囲を逸脱するか否かの判断は、体罰該当性の段階ではなく、体罰ではない当該行為が懲戒権の行使として適法なものであるか否かを判断する段階に位置付けるべきものであった。

---

81) 大阪地判平成31年3月27日・判タ1464号60頁。
82) 長尾英彦「『体罰』概念の混迷」中京法学44巻第3・4号合併号（2010年）15頁参照。

第4款　桜宮高校体罰死事件

　平成24年に、当時高校2年生のバスケットボール部主将の男子生徒が、顧問の教員による体罰を苦にして自殺するという事件が起こった。この事件を契機に教師による体罰が社会問題化し、学校をとりまく社会、政府・文科省に対して大きな警鐘を鳴らした。教師の体罰に関する報道は2013年の一年間で非常に数多く[83]なされた。文部科学省は対応に乗り出し[84]、学校、教育委員会に体罰の実態把握を求めた[85]ほか、平成25年3月13日の文部科学省通知[86]において「体罰により正常な倫理観を養うことはできず、むしろ児童生徒に力による解決への志向を助長させ、いじめや暴力行為などの連鎖を生む恐れがある」として、体罰による教育効果に否定的な見解を示し、学校・部活動において懲戒が必要な場面でも体罰を決して行わないよう徹底した[87]。この後、教師による体罰は減少していくこととなった[88]。

第5款　平成24年以降の裁判例の傾向

　平成24年以降、教師の懲戒権行使としての有形力行使の適否が問題となった裁判例においては、東京高裁昭和56年判決や最高裁平成21年判決と比較すると変化がみられる。

　たしかに、平成後期から末期にかけての裁判例の中にも、東京高裁昭和56年判決や最高裁平成21年判決の判断基準を用い、教師の行為が教育的指導の

---

83)　望月浩一郎「体罰根絶への道──文部科学省体罰実態調査が示すもの」季刊教育法185号（エイデル研究所、2015年）88頁によると、桜宮高校の体罰事件と柔道女子日本代表監督の暴力を選手が告発した事件に端を発する「体罰」に関する報道は、2013年の1年間で5000件以上にも上る。

84)　その他の取組みとして、文部科学省報告書「運動部活動での指導のガイドライン」『運動部活動の在り方に関する調査研究報告書』（平成25年5月）、文部科学省報告書「体罰に係る実体把握の結果（第2次報告）」（平成25年8月9日）、文部科学省通知「体罰根絶に向けた取組の徹底について」（25文科初第574号平成25年8月9日）等。

85)　「体罰禁止の徹底及び体罰に係る実態把握について（依頼）」（24文科初第1073号平成25年1月23日）

86)　「体罰の禁止及び児童生徒理解に基づく指導の徹底について（通知）」（24文科初第1269号平成25年3月13日）。本通知により「問題行動を起こす児童に対する指導について」（18文科初第1019号平成19年2月5日）は廃止された。

87)　一方で、体罰の判断基準については平成19年通知の内容を踏襲している。

88)　文部科学省報告書「体罰の実態把握について（平成24年度〜令和4年度）」参照。

範囲を逸脱する場合に体罰に該当するという立場に立つものは存在する[89]。しかし、体罰該当性を否定した上で教育的指導の範囲を逸脱するものかを判断するもの[90]や、教育的指導の範囲の逸脱と体罰を並列的なものとして検討するもの[91]など、平成後期から末期にかけての裁判例の多くは最高裁平成21年判決や東京高裁昭和56年判決と同様の考慮要素を体罰該当性判断ではなく、懲戒権行使の相当性判断に用いているようである[92]。

さらに踏み込んだ判断をしているものとして、桜宮高校体罰死事件の民事裁判の判決[93]がある。この判決は「教員の生徒等に対する体罰は、教育上の必要性に基づく指導を目的とするものであっても、法的に許容される懲戒の範囲を逸脱するものとして、暴行としての違法性を阻却されるものではないというべきである」として、体罰に該当すれば法的に許容される懲戒の範囲を逸脱するとしており、上述の平成後期から平成末期の裁判例の多くと前提を共にする。そして、同判決は体罰を、学校教育法11条ただし書にいう「体

---

89) 例えば、福島地判平成30年3月13日・LLI/DB L07351260（民事）：平成21年判決と同様の基準を挙げ、高校生の生徒を教育的指導と他者加害防止の目的で引き留めるために押さえ込んだ行為につき「教育的指導の範囲を逸脱」するものとはいえず、体罰に該当しないとした事例。

90) 児童を押して無理やり教室に入れた行為につき、肉体的苦痛を与える目的がなかったとして体罰該当性を否定した上で、目的、行為態様から「教育的指導の範囲を逸脱」するものとはいえず、有形力の行使が適法であると判断した事例として東京地判平成28年9月16日・LLI/DB L07132020L（民事）。

91) 「教諭の行為が懲戒権の行使として相当と認められる範囲内のものかどうか、あるいは体罰に該当するかどうか」について、東京高判昭和56年を引用した上で、教師の発言及び児童の背中に触れる行為について、教育目的を認めた上で違法ではないと判断したものとして、さいたま地判平成29年10月23日・判例時報2380号87頁（民事）、教師の懲戒行為について、「体罰ないし正当な懲戒権の範囲を逸脱した行為は違法」とした上で、体罰該当性について東京高判昭和56年の基準を挙げた上で、教師の女子中学生への部活動での「注意喚起ないし覚醒行為」としての暴力について、目的を主に怒りをぶつけたものと認定し、行為の態様・教育効果を考慮して「学校教育法で禁止される体罰ないし正当な懲戒権の範囲を逸脱した違法な行為」と判断し、暴言について「違法行為」と判断したものとして、津地判平成28年2月4日・判例時報2303号90頁（民事）。

92) その他、教師の有形力の行使が刑法35条により正当化されるかにつき（体罰該当性ではなく）教育上必要な懲戒権の行使として相当な範囲内の行為であったか否かをメルクマールとし、目的・態様・程度から、教師が高校の野球部員の生徒の手をつかみ、指導のために道具庫付近まで連れて行くことは懲戒権の行使として相当な範囲内であるとしつつ、その後頬を3回平手打ちし、頭部を1回殴り、尻付近を蹴った行為については、言語による指導が可能であったことを指摘した上で相当な範囲を逸脱すると判断したものとして、名古屋地裁岡崎支判平成27年10月21日・LLI/DB L07050504（刑事）等。

93) 東京地判平成28年2月24日・判タ1432号204頁。

罰」、つまり、「同条本文の懲戒として生徒等の非違行為を前提として行われる有形力の行使」という「狭義の体罰」と、部活動などにおける「生徒等の非違行為を前提とする懲戒には当たらない教員の指導の過程において、教員の指導に対する生徒等の対応がそれ自体は非違行為に当たるものではないが教員の意に沿わない場合にこれに対する制裁等（教員の意に沿う対応の強制や指導の効果の強化を目的とするものを含む……）として行われる有形力の行使」という「広義の体罰」とに大別し、後者についても「同条ただし書の趣旨等に鑑み、法的に許容される指導の範囲を逸脱するものとして、暴行としての違法性を阻却されるものではない」とする[94]。その上で、「教員の生徒等に対する指導の過程における有形力の行使（上記の狭義又は広義の双方を含意するものとしての体罰。以下の体罰は同義）は、すべからく、教育上の指導として法的に許容される範囲を逸脱したものとして、不法行為法上違法と評価される（暴行としての違法性を阻却されるものではない）」として、教師の生徒等に対する全ての有形力の行使が民事上違法であるとの理解を示している[95]。もっとも、これ以降の裁判例においても、襟をつまむなどの態様による軽微な有形力の行使について教育的指導の範囲を逸脱するものではないとした裁判例は存在する[96]。

　以上のように、最高裁平成21年判決と桜宮高校体罰死事件が発生した平成24年以降の裁判例とでは「体罰」と「教育的指導の範囲」の関係性の捉え方に変遷が見られる。そして、近時の裁判例の多くはそもそも体罰該当性について言及することなく教師の行為が「教育的指導の範囲を逸脱」するもので

---

94) 広義の体罰につき同様の判断をしたものとして、仙台高判平成31年2月1日・LLI/DB L07420118（民事）（気合いを入れる等のための指導という認識でなされたバレー部顧問による練習及び試合における頬への平手打ちについて、体罰を加えることはできないと定める学校教育法11条の趣旨に照らすと「その理由の如何を問わず、許容されるものではな」く、違法であるとした事例）がある。

95) なお、本事件の刑事裁判（大阪地判平成25年9月26日・LLI/DB L06850556）の判決文においては、懲戒権という違法阻却事由について触れることなく傷害罪の成立を認め、社会的制裁を受けていることにも言及した上で、懲役1年執行猶予3年とした。

96) 例えば、中学生に対し、ブレザーの前襟をつまみ自己に向けさせた行為につき、有形力行使の態様としては比較的軽微であり客観的にみて肉体的苦痛を感じさせないものであることを指摘した上で、目的、態様、継続時間等を総合的に考慮すれば「教育的指導の範囲を逸脱するものとはいえ」ないと判断したものとして、東京地判令和元年10月25日・LLI/DB L07430534（民事）。

64   第2章　教師の懲戒権

あるか否かのみを検討している[97]。平成後期から末期の「体罰」該当性を判断する裁判例は、教師の行為の目的が「不満」や「怒り」などの感情をぶつけるものであり、もっぱら教育的指導の目的とはいえない場合に「体罰」該当性を認定しているようにみえる[98) 99]。もっとも、津地判平成28年2月4日では「学校教育法で禁止される体罰ないし正当な懲戒権の範囲を逸脱した違法な行為」として体罰に限定しない幅のある認定をしている上に、控訴審[100]においては「注意喚起等の目的で、怒りの感情をそのままぶつけたつもりではなかったのだとしても」注意喚起等の目的達成のために「必要かつ相当とされる限度を超え」るものであるとして、体罰該当性について触れることなく「懲戒権の行使として許容できるものではない」と判断している。また、体罰該当性を否定した上で「教育的指導の範囲」の逸脱の有無を検討する裁判例[101]もある。このように、「体罰」に該当するか否かにかかわらず教育目的達成のために必要かつ相当な範囲を超える場合に懲戒権行使として許容される範囲を超える違法な行為と判断されるのであれば、わざわざ「体罰」該当性まで主張立証し、あるいは裁判所が認定する実益は乏しいように思われる。そのため、明らかな「体罰」の場合[102]を除き「体罰」該当性に

---

97) 中学1年生の生徒の頭を叩いたり耳を引っ張るという教師の指導に伴う「少なからぬ有形力」の行使について、ノートに余白が少ないことに対する指導方法として必要・相当とは認められないとして、教育的指導の範囲の逸脱を認めるものとして、さいたま地判令和3年12月15日・判タ1503号89頁（民事）、小学6年生の児童の手首を掴んで教室に引き戻した上で首元を掴み席の近くまで押した行為と、クラス全員の前で行われた侮辱的な発言がそれぞれ「教育的指導の範囲を逸脱」するものと判断した事例として、熊本地判令和5年2月10日・LLI/DB L07850342（民事）、女子中学生を仰向けに膝の上に乗せた行為につき「有形力の行使が強度であったとまでは認められない」としつつも「教育的指導の範囲を逸脱」すると判断し、侮辱的な発言についても「教育的指導の範囲を逸脱」するものと判断したものとして、福岡高判平成31年3月27日・LLI/DB L07420127（民事）等。

98) 前掲津地判平成28年2月4日、東京地判平成29年5月31日・LLI/DB L07230129（民事）（平成21年判決を引用した上で、剣道の部活動の合宿に際して高校生である生徒の臀部を強く蹴り転倒させた被告1の行為につき、目的は怒りをぶつけたものと認定し、体罰該当性を認め、被告2の突き行為につき「指導する目的で行ったものであると主張するが、かかる目的を達成するために高校2年生であった原告が倒れる程度の力を持って突きを行うことが合理的な手段であるということはでき」ないとして体罰該当性を認め、被告2の突き及び体当たり行為につき、目的を「不満をぶつける意図」と認めた上で体罰該当性を認めた事例）。

99) 同様の指摘をするものとして、芥川・前掲注57）85頁。

100) 名古屋高判平成28年9月30日・LLI/DB L07120432。

101) 前掲東京地判平成28年9月16日。

102) 例えば、無断でアイスクリームを食べた中学1年生に対し柔道部顧問が繰り返し柔道技をか

ついて言及しない近時の裁判例の傾向は妥当なものであるといえよう。

また、教育の場面における暴言について、前述のとおり親権の行使の場合には民法821条により「子の心身の健全な発達に有害な影響を及ぼす言動をしてはならない」と明文で規定された。教師の懲戒権行使においても、明文の規定はないものの、侮辱的な発言について「教育的指導の範囲を逸脱」すると認め、違法なものと判断する裁判例が多く存在する[103]。

以上のように、学校教育法11条においては「体罰」のみが明文で禁止されるが、裁判例は精神的苦痛を与える言動についても、懲戒権行使においては許されないと判断している。親権の行使については民法821条により「子の心身の健全な発達に有害な影響を及ぼす言動」が禁止された。子の健やかな身体または精神の発達を考えるのであれば、もはや教師の懲戒権行使においてもそのような言動は許されていないと解すべきである。

第4節　小　括

民法では新たに明文で親権者の体罰が禁止された。そこで、本章では親権の行使として正当化される範囲を検討する土台を得るために、以前より体罰が明文で禁止されていた教師の懲戒権について確認した。

第一に、親の懲戒権（親権）と教師の懲戒権の関係性について確認した。そこでは、教師の懲戒権については在学契約の補充的解釈の結果として懲戒権が教師に委託されるという構成か、在学契約の補充的解釈の結果として親権者の懲戒権とは異なる懲戒権が教師に認められるという構成かのいずれかを採るべきであるが、いずれの構成であれ教師の懲戒権行使として許容される範囲は、親の親権の行使として許容される範囲以下となり、両構成による

　　けて重症を負わせた行為につき「何ら教育的効果はなく、同行為は身体的な苦痛を与える体罰にほかならない」として傷害罪の成立を認め、懲役2年執行猶予3年としたものとして、神戸地判令和3年2月15日・LLI/DB L07650175（刑事）。

103）前掲名古屋高判平成28年9月30日、前掲福岡高判平成31年3月27日、前掲熊本地判令和5年2月10日、静岡地判令和4年5月26日・LLI/DB L07750531（民事）（教師の暴言につき指導の目的との関係で必要性・相当性を欠く行為といえ「教育的指導の範囲を逸脱したもの」であると判断した事例）等。

差はないと考えられることを確認した。

　第二に、教師の懲戒権に関する裁判例について確認した。そこでは、まず、リーディングケースともいえる東京高裁昭和56年判決及び最判平成21年について詳細に検討し、桜宮高校体罰死事件を契機とした裁判例における判断の変遷について確認した。それによって、かつては学校教育法11条ただし書により禁止される体罰該当性が懲戒権行使として許容されるか否かの判断において非常に重要であったが、現在の裁判例は必ずしも体罰該当性について言及することなく懲戒権の行使として許容される範囲を超えるか否かを判断する傾向にあるということが明らかになった。

　また、侮辱的な発言についても懲戒権行使として許容される範囲を超えると判断する裁判例が多く存在し、親権の行使の場合と同様にもはや教育の場における侮辱的な発言は許容されないものであることを確認した。

　かつて、体罰が許容され、ときに必要と考えられた社会情勢の下では、明文で体罰を禁止する学校教育法11条ただし書は重要な意味を持った。しかし、社会情勢が変化し、子の健やかな成長と発達のためには肉体的苦痛を与える行為のみならず精神的苦痛を与える行為も許容されないと考えられるようになりつつある。教師の行為が教育的指導の範囲を超える場合には「体罰」に該当しない場合であっても懲戒権の行使として許容される行為にあたらないとされるのであれば、「体罰」は懲戒権行使において許容されない行為の例示ということになる。学校教育法上の体罰禁止規定は、教師へのメッセージとしての意義を残した確認的な規定へと変容しつつあるといえよう。

第3章

ドイツにおける議論

第1節　本章の目的

　欧州においては、欧州連合基本権憲章24条[1]が子供の権利を一般に謳っており、ドイツにおいても子供の基本権は、基本法6条2項1文[2]の中に見出されるとされている。そして、この基本権は子供の監護及び教育に際し、親の決定の余地を限定するとされている[3]。子供の権利は重視されるようになってきており、現在、ドイツにおいて体罰は2000年に改正された民法1631条2項によって、明文で禁止されている。これは児童虐待防止法14条1項及び民法821条によって体罰等が明文をもって禁止された我が国と同様の状況であるといえ、ドイツでの懲戒権に関する議論は我が国の法解釈に対しても十分に示唆を与えるものであると期待することができる。そこで、本章においては現在のドイツ民法1631条2項に至る改正への経緯を確認（第2節）した上で、民法分野における同条の解釈に触れ（第3節）、ドイツにおける懲戒権に関する刑法分野の議論を概観し（第4節）、各見解について検討し（第5節）、日本法への示唆を得ることを目的とする。

---

1) 欧州連合基本権憲章24条（子供の権利）1項1文：子供は健康で善良な生活のために必要な保護と配慮を受ける権利を有するものとする。2項：子供に関するあらゆる行動において、行動をとる機関が公的か私的かを問わず、子供の最善の利益を第一次的に考慮しなければならない。

2) 基本法6条2項：子の監護及び教育は、両親の自然的権利であり、かつ、第一次的に両親に課された義務である。その実行については、国家共同社会がこれを監視する。

3) Bodo Pieroth/ Bernhard Schlink/ Thorsten Kingreen/ Ralf Poscher, Grundrechte. Staatsrecht II, 31. Aufl., 2015, § 15, Rn. 723.

第2節　懲戒権に関する民法改正とその経緯

かつてはドイツにおいても、親が子供に対して必要に応じて懲戒をする権利は、たとえそれが身体的なものであったとしても認められていた[4]。懲戒措置が①十分な懲戒の理由を有し、②客観的に教育目的が実現されるものであり、③主観的に教育をする意思によって占められており、③懲戒の態様と程度が、子の身体的状況及び精神的発展を考慮に入れた上で、子の非行及び年齢にとって適切な行為である場合には、親の措置は正当なものとしてみられていたのである[5]。つまり、いわゆる「お尻ペンペン」のように常に重大性が否定されるケースでは「身体的虐待」の程度に達しないため刑法223条[6]の構成要件該当性が否定され（これは今日でも議論の余地がないとされている[7]）、重大性が肯定されるケースであっても、例えば母親が道路に飛び出した子供に対して将来同じことを繰り返さないようにし、道路への注意をより一層深くさせるために手痛いビンタをしたような場合には、民法1631条2項の教育権によって違法性が阻却されると考えられてきた[8]。しかし、通説によって受け入れられてきたこの違法性を阻却する方法は、1998年の親子関係改革法（Kindschaftsreformgesetz）の施行によって禁じられることとなった。

1992年の調査ではドイツの青少年の8割以上が両親に平手打ちをされたことがあると答え、3割が散々に殴られたと回答しており[9]、また、家庭が子

---

4) Werner Beulke, Neufassung § 1631 Abs. 2 BGB und Strafbarkeit gemäß § 223 StGB, Schreiber-FS, 2003, S. 30; Claus Roxin/Luis Greco, Strafrecht, Allgemeiner Teil, Bd. 1, 5. Aufl., 2020, § 17 Rn. 33.

5) Beulke, 2003, S. 30; Johannes Wessels/Werner Beulke/Helmut Satzger, Strafrecht, Allgemeiner Teil, 53. Aufl., 2023, § 12 Rn. 611.

6) 刑法223条：他者を身体的に虐待し又はその健康を侵害した者は、5年以下の自由刑又は罰金に処する。
   なお、「身体的に虐待」したといえる行為は、「有害で（übel）、不適切な取り扱いで、身体的健康か身体的完全性（Unversehrtheit）のいずれかを些細な範囲に止まらずに侵害するもの」とされている。Thomas Fisher, StGB, 66. Aufl., 2018, § 223 Rn. 4.

7) Vgl. Beulke, 2003, S. 30; Roxin, AT, § 17 Rn. 35. 立法資料においても、「身体的虐待がある場合に刑法223条以下による刑事訴追が考慮される」とされている。BT-Drucks. 14/1247, S. 5.

8) Beulke, 2003, S. 30.

9) BT-Drucks. 14/1247, S. 4.

供に対する暴力の最後の隠れ家になっていると一部の批評家には判断されていた[10]。そのような背景の下で連邦議会は1998年12月16日に、親子関係改革法によって民法1631条2項を改正し、次のように規定した。

1998年改正民法1631条2項
屈辱的な教育措置、特に身体的及び精神的な虐待は、許されない。

この規定はドイツ国民の大多数によって支持された[11]が、これは、「身体的及び精神的虐待」の文言が「屈辱的な教育措置」ではなく単に「教育的措置」のみにかかるものとして、屈辱的でない教育的措置としての「身体的及び精神的虐待」を観念することによって、教育目的での比較的軽微な体罰を民法1631条2項によって禁じられる虐待の概念から除外する余地を残すもの[12]であり、教育の場における暴力の完全な追放を目指す立法者にとって十分なものではなかった。そのため、2000年11月に民法1631条2項は再び改正され、次のように規定されることとなった。

2000年改正民法1631条2項
子供は、暴力なき教育を受ける権利を有する。体罰、精神的侵害、その他の屈辱的な措置は、許されない。

この規定の文言は、「その他の」とすることで「体罰」が「屈辱的な措置」そのものであることを示し、上記のような解釈の余地を封じたものである[13]。

---

10) Beulke, 2003, S. 30.

11) Beulke, 2003, S. 31.

12) Andreas Hoyer, Im Strafrecht nichts Neues? – Zur strafrechtlichen Bedeutung der Neufassung des §1631 II BGB, FamRZ 2001, S. 522; Roxin, AT, §17 Rn. 34. 例えばBeulke は、この法改正によっても法的状況は以前からほとんど改められておらず、単に懲戒における適切な措置が無罪になる学説上の理由が違法性段階から構成要件段階へと移し替えられただけであると主張している（Vgl. Beulke, 2003, S. 31）。

13) Hoyer, S. 522; Roxin, AT, §17 Rn. 39, Münchener Kommentar BGB, Bd. 9, 7. Aufl., 2017, §1631, Rn. 17 [Peter Huber].

70 第3章 ドイツにおける議論

しかし、この規定は解釈における柔軟性を欠くものであり、民法上はたとえそれが虐待の程度に達しないものであっても、あらゆる種類の体罰が許容されない[14]ことになる。

そこで、子供のいたずらに対する平手打ちでさえ全て刑罰の対象としてしまうと、平和になる家庭よりも破滅する家庭の方が多くなってしまうとの懸念から、さまざまな試みがなされている[15]。

そこで以下では、まず2000年改正民法1631条2項の内容を確認した上で（第3節）、この試みのうちのいくつかの代表的な見解及びそれに対する批判を紹介する（第4節）。

なお、ドイツ民法1631条2項は、2021年5月4日に成立した後見及び世話法の改正に関する法律（Gesetz zur Reform des Vormundschafts- und Betreuungs-rechts vom 4. Mai 2021）によって、被後見人の権利を定めた民法1788条2項の規定にあわせて「子供は、暴力、体罰、精神的侵害、その他の屈辱的な措置を伴わない監護及び教育を受ける権利を有する」と改正され、2023年から施行されている。もっとも、この改正では「教育」が「監護及び教育」に変更されたこと以外には実質的な規律内容の変更はないようである[16]。本稿で言及する懲戒権に関連するドイツ刑法上の違法阻却についての各見解は、2021年改正前の1631条2項を前提として議論していることから、本稿においても基本的に改正前の同項を念頭に検討することとする。そのため、以下では特に断りのない限り2000年改正の民法1631条を単に「民法1631条」と記述する。

第3節　2000年改正民法1631条2項

第1款　民法1631条2項1文

「子供は、暴力なき教育を受ける権利を有する」という民法1631条2項1文の規定は、子供のために定められたものであることが立法資料において強

---

14) BT-Drucks. 14/1247, S. 8.
15) Roxin, AT, § 17 Rn. 36.
16) Vgl. Grüneberg Kommentar BGB, 83. Aufl., 2024, § 1631, Anm. 1 / 5 〔Götz〕

第3節　2000年改正民法1631条2項　71

調される[17]。この規定は親を名宛人として暴力を用いない教育をするように要求することに制限されるものではなく、むしろ子供に暴力なき教育を受ける権利を認めるものである[18]。この暴力なき教育を受ける子供の権利は、子供が固有の尊厳を持つ人として、そして権利と義務の保持者として、親に対して人格の尊重を要求することができるものである[19]。この権利は請求権という意味での直接に訴えを起こすことができる権利として理解されるものではなく、親の意識改革を目指すためのものであるとされる[20]。親が民法1631条2項に違反した場合の刑事制裁の範囲の変更は立法者が意図するところではない。

　立法資料によると、「法案の目的は、家庭を処罰することなく教育における暴力を追放することである」[21]とされる。立法者の理解では、1998年に改正された民法1631条2項によってすでに親の懲戒権という違法阻却事由は廃止されており、子供に対して刑法223条の構成要件に該当する行為をした親は、1998年の民法1631条2項の存在によりもはや親の懲戒権の存在を主張することはできなくなっていたのであるから、2000年の民法1631条2項の改正は処罰範囲を拡張するものではないというのである[22]。

　民法1631条2項1文にいう「暴力なき救育を受ける権利を有する」の「暴力」(Gewalt) とは、刑法上の暴行 (körperliche Misshandlung) 概念とは異なるものであり、民法上の意味での暴力なき教育は民法1631条2項2文において具体化されている[23]。体罰、精神的侵害、その他の屈辱的な措置を伴う教育は、いずれも「暴力」なき教育であるとはいえない。

---

17) BT-Drucks. 14/1247, S. 5.
18) Münchener Kommentar BGB, § 1631, Rn. 13 [Huber].
19) BT-Drucks. 14/1247, S. 5.
20) Münchener Kommentar BGB, § 1631, Rn. 14 [Huber].
21) BT-Drucks. 14/1247, S. 5.
22) BT-Drucks. 14/1247, S. 6.
23) BT-Drucks. 14/1247, S. 7.

72 第3章 ドイツにおける議論

第2款 民法1631条2項2文
第1項 体 罰

民法1631条2項の「体罰」(körperliche Bestrafung) という文言は子供に対するあらゆる種類の体罰が屈辱的であることを意味する[24]のであり、もはや子供への身体的作用が屈辱的なものか否かは問題ではなく、身体的作用のうちの軽微な形態のものがなお許容されるのかが問題になるに過ぎない[25]。

もっとも、親による子供への身体的作用の全てが禁じられるわけではない。子供への身体的作用は、それが子供の逸脱行為に対するサンクションとしてなされた場合にのみ許容されないのであり、予防的に子供や第三者を危険から免れさせるために行われた措置は、「体罰」には該当しない[26]。例えば、嬰児をオムツ台の上に固定することや、赤信号の前で子供を捕まえておくことは禁止されない[27]。

ただし、この予防的な目的における措置も均衡の原則が強固に保持される場合に限り許容されるのであり、その限度を超える場合には「その他の屈辱的な措置」に該当し、許容されないこととなる。また、この予防的な措置としては、例えば引き止めや引っ張っておくという「消極的な」予防的手段のみが容認されるのであり、例えば道路に飛び出さないようにあらかじめ段打ちや平手打ちを加えることは、それが軽度なものであったとしても許容されない[28]。

第2項 精神的侵害

かつての「精神的虐待」(seelische Misshandlung) という文言では国民がその範囲を極端に狭く解釈してしまうことから、「精神的侵害」(seelische Verletzung) という文言が用いられることとなった[29]。

「精神的侵害」に該当するか否かについては、親の侮辱的で軽蔑的な行為

---

24) BT-Drucks. 14/1247, S. 8.
25) Münchener Kommentar BGB, § 1631, Rn. 17 ff. [Huber].
26) Münchener Kommentar BGB, § 1631, Rn. 18 [Huber].
27) BT-Drucks. 14/1247, S. 8.
28) Münchener Kommentar BGB, § 1631, Rn. 20 [Huber].
29) BT-Drucks. 14/1247, S. 8.

態様が、子供の精神的な健康を害したか否かという「侵害」の結果に重点が置かれる。つまり、例えば友達やクラスの前で恥をかかせることや、子供に対して極端に冷たく接することは、子供に精神的な侵害を引き起こしうるものであるが、それが精神的侵害に該当するか否かは親の行為態様ではなく、実際に子供が精神的に侵害されたか否かという結果によるのである[30]。

第3項　その他の屈辱的な措置

2000年の民法1631条2項2文の「その他の屈辱的な措置」（entwürdigende Maßnahme）という概念は1998年の民法1631条2項の「屈辱的な教育措置」を受け継ぐものであるが、改正後において「屈辱的な教育措置」ではなく単に「屈辱的な措置」となっているのは、親の措置が教育目的ではない場合においても屈辱的な措置は許されないということを明らかにしているのである[31]。

「精神的侵害」が侵害結果を基準とするものであるため、子供が特別に鈍感であったり、あるいは親の軽蔑的な発言が子供に聞こえなかったりというように、客観的には精神的侵害に該当するのが相当である親の措置が、具体的な事例において子供の精神に侵害結果を生じさせなかった場合、「精神的侵害」には該当しない。この間隙を埋めるために、「その他の屈辱的な措置」という類型が必須のものとなる[32]。

したがって、サンクションを目的としない消極的な予防手段ではあるが、親の措置がその許される限度を超える場合や、あるいは主に親の措置の客観的な行為態様は「精神的侵害」にあたるべきものであるが、具体的事例において「精神的侵害」に該当しないような場合[33]に、「その他の屈辱的な措置」という類型が問題となることになる。

そして、屈辱的な措置であるということは、措置の種類、程度もしくは持続性、または、付帯状況によって基礎付けられるとされる[34]。

---

30) BT-Drucks. 14/1247, S. 8.
31) BT-Drucks. 14/1247, S. 8.
32) BT-Drucks. 14/1247, S. 8; Münchener Kommentar BGB, § 1631, Rn. 23 [Huber].
33) Münchener Kommentar BGB, § 1631, Rn. 24.
34) Grüneberg Kommentar BGB, 83. Aufl., 2024, § 1631, Anm. 7 [Götz].

74　第3章　ドイツにおける議論

第4節　懲戒権に関する学説上の解決策及びその批判

　ここでは、現在主張されている学説のうち代表的なもの及びそれに対して
なされている批判を取り上げる。まず、民法1631条につき基本法違反を主張
するものとして Noak の見解（1款）、次に憲法適合的解釈をして解決を図る
ものとして構成要件的解決を試みる Beulke の見解（2款）と親の措置の目的
で分類を試みる Hoyer の見解（3款）、刑法34条による違法阻却を主張する
ものとして Heinrich の見解（4款）、刑事不法阻却という新たなカテゴリー
を持ち出すものとして Günther の見解（5款）を取り上げ、最後に手続的解
決を図る見解（6款）について触れることとし、次節での検討のための前提
を確認する。

第1款　民法1631条2項を基本法違反により無効とする見解
第1項　見　解
　Noak[35]は、2000年の民法1631条2項の規定は事例ごとに親の教育措置が
屈辱的な性質を有するかを判断する余地を残さない点で、基本法6条2項1
文によって保障された親の教育権に対する侵害の程度が比例原則に反してい
るとする。そして、「一義的な法律に正反対の意味を与えてはなら」ないと
して、憲法適合的解釈によって民法1631条2項の規定を救済する道を否定
し、これが基本法違反ゆえに無効であるとする。

第2項　批　判
　この見解に対しては、「子供への体罰は、教育権に関する今日完全に支配
的な見解によると、教育上もはや全く正当化しえないものであるため、教育
権に含まれるものではなく、したがってその禁止は基本法に違反するもので
はない」[36]という批判が向けられている。基本法6条2項2文に「その遂行

---

35) Torsten Noak, Zur „Abschaffung" des elterlichen Züchtigungsrechts aus strafrechtlicher
　　Sicht, JR 2002, S. 402 ff.
36) Roxin, AT, § 17 Rn. 37.

を国家共同体は監視する」とあるように、「親は国家のコントロールなしに自らの教育権の限界を独自に定めてよいわけではない」[37]のである。

第2款　親の措置が「屈辱的」である場合のみ構成要件該当性を認める見解
第1項　見　解

Beulke は体罰及び精神的侵害が屈辱的性質を有している場合にのみ禁止されるとする。

彼は1998年の民法1631条2項の解釈について、「身体的虐待」に関する刑法223条については構成要件的解決を図ることを主張していた。「身体的虐待」が刑法の構成要件の一つになっているが、この「身体的虐待」は「有害で（übel）、不適切な取り扱いで、身体的健康か身体的完全性（Unversehrtheit）のいずれかを些細な範囲に止まらずに侵害するもの」として理解されるところ、身体的健康を侵害する重大性を有する親の教育措置が「屈辱的」なものに分類できる場合には「不適切」の要件にあてはまり、刑法223条に違反するというのである。これは1998年の民法改正以前は親の懲戒権という違法阻却段階でされていた親の教育措置が許されるのか否かの判断を、「不適切」という刑法223条の構成要件段階で行うものである。Beulke は1998年の民法1631条2項を、「身体的虐待」が問題となる刑法223条に関する限りでは、親の懲戒権を単に違法阻却の段階から構成要件の段階に移し替えたものに過ぎないと理解していた[38]。

そして、2000年の民法1631条2項の文言の解釈について彼はまず、「小型バイク、原動機付自転車、その他の強化された軽バイクは許されない」という例を出し、ここでは全体として「強化された小型バイク及び原動機付自転車のみが把握されるべきである」とし、「強化されていない小型バイク及び

---

37) Roxin, AT, § 17 Rn. 37.
38) Werner Beulke, Züchtigungsrecht – Erziehungsrecht– atrafrechtlich Konsequenzen der Neufassung des § 1631 Abs. 2 BGB, Hanack–FS, 1999, S. 539 ff. なお、刑法223条の「健康侵害」や、刑法239条の監禁など身体傷害以外の構成要件については、教育的な観点の考慮のための解釈の余地が見あたらないとして、教育権の違法阻却事由によって解決されるとしていた。刑法239条等についても構成要件該当性の問題とする2000年の民法1631条についての解釈は、上記刑法223条に関する解釈を憲法適合的解釈という名の下に他の犯罪類型に借用したものであると考えられる。

原動機付自転車が存在すること」について言及する。それとのアナロジーから、民法1631条2項の「体罰、精神的侵害、その他の屈辱的な措置は、許されない」という文言についても、「具体的な状況下において屈辱的な措置に該当しない体罰及び精神的侵害の存在を受け入れることが十分に可能である」とし、2000年の民法1631条2項2文も、1998年の民法1631条2項に引き続き、「体罰及び精神的侵害が屈辱的性質を有している場合に限り許されないと理解」することができるとしているのである。

　2000年の民法1631条2項の解釈において、Beulke は、車道に走り出して自動車に衝突しかけたものの、そのことについて何も心に残っていない子供に対して、将来再び車道に飛び出さないように子供の記憶に強く残すために、刑法223条の境界を超える強度の平手打ちをしたという、責任感のある母親を想定している。

　そして、「『適度な平手打ち』は、具体的状況下で適切かつ教育上是認しうるものである場合には、……屈辱的な性質を有さず、それゆえ民法1631条に反するものではない」とする。ゆるくペチッと叩くことが体罰にあたり、あるいは具体的ケースにおいて是認されうる怒鳴りや叱責が精神的侵害にあたり、場合によっては処罰されうるのだとすれば、基本法6条2項1文及び民法1626条1項[39]、1631条1項[40]による親の使命の実現は著しく困難なものとなってしまう。そのため、刑法223条や239条（監禁罪）などを憲法適合的に解釈し、構成要件的解決を図るのである。家族関係の保障は子供の福祉の観点からも非常に重要であり、大抵の場合、刑事訴追は子供にとってむしろ害となるものである。一方で、ここでの中心的な視点は子供の福祉であるため、「親と子の信頼関係が破壊されるか、それ以上に不適切な一撃が懸念される」場合には、処罰されるべきであるとする。このように、2000年の民法1631条2項についても、体罰が妥当なラインどうか、つまり、具体的状況下で適切かつ教育上是認しうるものを超えたかどうかを基準とすべきであると

---

39) 民法1626条（親の配慮、原則）1項：親は、未成年の子に配慮（親の配慮）する義務を負い、権利を有する。親の配慮は、その子の身上に対する配慮（身上配慮）、及びその子の財産に対する配慮（財産配慮）からなる。

40) 民法1631条（身上配慮の内容及び限界）1項：子の身上配慮は、特に子を監護し、教育及び監督し、及びその居所を指定する義務及び権利を含む。

するのである[41]。

第2項　批　判

　彼の見解に対する最も端的な批判は、そのような解釈は法の文言及び明白な立法者の意思に反するというものである。

　「立法者は民法1631条において子供に『暴力なき教育を受ける権利』を認めて『体罰……その他の屈辱的な措置』を許さないと表明しているのであるが、これは文言上、体罰そのものが屈辱的であって禁止されるとしか解釈できない」[42]。なぜなら、「その他の」という文言は、全ての「体罰」と「精神的侵害」が「屈辱的な措置」に該当することを前提とするものであり、「体罰」と「精神的侵害」を単なる「教育的措置」の例や、「屈辱的な教育措置」の例外がありうる原則的な例として理解することが不可能だからである[43]。

　そして、「立法資料からも立法者が文言通りの解釈を期待していたことが明らかである」[44]とされる。「新法の文言は『あらゆる種類の体罰が許容されない。……体罰は、たとえそれが虐待の程度に達しないものであっても、子供にとって屈辱を意味するからである』ということを明らかにするものである。つまり、立法者は、虐待の性質を有さない軽微な身体作用でさえも、禁止することを望んでいる。このことは、適度に罰する苦痛の付与は依然として許されているとする解釈を排除するものである」[45]。そして、Hoyerは、これに関する立法者の意思は、「身体的虐待」ではなく「体罰」という用語を使用したことによって強調されているとさえ主張する[46]。

　また、そもそも Beulke が想定する前提に不適切な部分があることを指摘するものもある。つまり、Beulke は自己の目的のために暴力を用いるのではなく、教育的基礎に基づいて子供の福祉のために子に働きかけようとする責任感のある母親を念頭に置いた上で、基本法6条2項1文による親の使命

---

41)　Beulke, 2003, S. 29 ff.
42)　Roxin, AT, § 17 Rn. 39.
43)　Hoyer, S. 522; Roxin, AT, § 17 Rn. 39.
44)　Roxin, AT, § 17 Rn. 39.
45)　Roxin, AT, § 17 Rn. 39. Auch Münchener Kommentar BGB, § 1631 Rn. 17 ff.〔Huber〕.
46)　Hoyer, S. 522.

78 第3章 ドイツにおける議論

の実現のために構成要件的解決が必要であると主張するものの、この基本法
6条2項1文が責任感のない親についてもどの程度考慮できるのか、すなわ
ち、基本法によって想定される理想から外れる親に対しても構成要件的解決
をすることができるのか否かが明らかにされていない[47]。

また、親の懲戒権を単に違法阻却の段階から構成要件の段階に移し替えた
ものに過ぎないとの理解に対しても、かつては構成要件に該当した上で懲戒
権により違法性が阻却されるとされていたものが、突如として構成要件に該
当しない行為ということになったとするのは理論的に不可解であるという批
判が向けられている[48]。

第3款　親の措置の目的を教育目的と監護目的に分ける見解
第1項　見　解

Hoyer[49]は、民法1631条2項の憲法適合的解釈として、懲戒措置を監護目
的[50]と教育目的に区別し、同条は親の措置が教育目的の場合にのみ該当する
とする見解を主張する。彼によると、「民法1631条1項の親の配慮全体とし
ては、子の『監護、教育、監督及び居所指定』を含む権利を与えられる」
が、民法1631条2項は「暴力なき『教育』を受ける権利のみを子供に与え
る」ため、同項1文の「暴力の禁止は、監護、監督、居所指定にはまったく
あてはま」らない。民法1631条2項の2文については、1文との相互作用か
ら、親の配慮の全範囲のうち、教育分野での措置についてのみ体罰の禁止が

---

47) Christoph Knödler, „Das hat noch keinem geschadet" – Vom Mythos der zulässigen elterlichen Gewalt gegenüber Kindern, ZKJ 2007, S. 64.

48) Knödler, S. 64.

49) Hoyer, S. 521 ff.

50) なお、ここでの議論における、「教育目的」、「監護目的」の「目的（Zweck）」や、「作用目的」、「懲戒の目的」にいう「目的（Ziel）」は、単なる主観的動機にとどまる場合とは異なるものである。つまり、客観的に教育や監護の効果がない行為を個人的にそのように称しているだけでは不十分である。これに対し、客観的に教育や監護の効果を生む行為が意図されているのであれば、物理的なはたらきかけがその範囲にとどまるよう制御されるともいえる。つまり、「作用目的（Ziel）」とは作用によって達成されようとする目標のことであり、「教育目的（Zweck）」とはその行為によって客観的に達成しようと求められるものが教育的成果であることである。例えば、「私は彼の救命目的（Zweck）で手術するために現場に向かう」という文であれば、現場に向かう行為が後に続く手術という行為を意図してのものであり、その手術は彼の救命という成果を上げることにつながるものである、という意味になる。

意味を持つのであり、監護、監督及び居所指定の分野における措置には体罰禁止は及ばないとするのである。

そこで、「監護」等及び「教育」がどのようなものを指すのか、丁寧に区別することが重要となる。Hoyer は基本法 6 条 2 項 1 文を引き合いに出した上で、「監護」を「より静的で保護に関連する」もの、「教育」を「より動的な発達で、進歩に関連する」ものをそれぞれ意味する[51]とし、「監督」は「子供への侵害の防止のみでなく、子供が第三者を侵害することを防止することも要求」される[52][53]ものであるとしている。

彼は、親の懲戒措置が子供の自傷的、あるいは自己危殆的な振る舞いを防ぐことを目的とする場合を監護・監督に属するとし、子供が第三者を傷つけたり危険に晒したりするのを防ぐことは監督義務に関して要求されるとした上で、親の懲戒措置が子供や第三者の法益保護のためになされたものであれば、監護・監督に属するため、民法1631条 2 項の効力は全く及ばないとする。つまり、例えば子供に路上で火をつけて遊ばないように動機付けをするために親が子供に懲戒をする場合は、親の措置は教育ではなく監護・監督に属するとするのである。

Hoyer によると、主観的な親の意思を押し通す場合よりも、客観的な子供の利益を擁護するときの方が、また、親の個人的な教育目的の推進よりも、法的共同体にとっての利益を推進するときの方が、それぞれ許容される権限が大きくなる。教育目的にあたるか監護目的等にあたるかについては、「親が子をテニススターにする調教のために暴力を用いる」場合を主観的な親の意思を押し通すものとして教育目的、「子供が有害物質を摂取するのをやめさせようとした」場合を客観的な子供の利益を擁護するものとして監督目的と分類するようである。そして、「親が子に合法的な振る舞いをさせようとする場合」には、それは「一般的に是認された法的に要求される作用目的」であると述べ、親が子を全く同じ態様で自宅に監禁する場合でも、「法

---

51) Maunz/Dürig, Grundgesetz, Bd. I, 8. Aufl., 2019, Art. 6 Rz. 24 [Peter Badura].

52) Palandt/Diederichsen, BGB, 60. Aufl., 2001, § 1631 Anm. 5/7 [Diederichsen].

53) なお、親が第三者に対して負う他者加害防止の監督義務は、民法1631条 1 項の監督義務からではなく、未成年者の監督義務者の責任について規定する民法832条によるものであるとされる。Münchener Kommentar BGB, § 1631 Rn. 6 [Huber].

80 　第3章　ドイツにおける議論

律違反を防ぐために、親が子を監禁する場合」は監督権限の行使として許容
されるとするが、「子供に勤勉、絶対の服従あるいは礼儀作法を促すために
同様の自宅監禁をした場合」には、親の個人的な教育目的に資するものであ
り、民法1631条2項によって禁じられるとする。

　これは、結局のところ、Heinrich[54]も指摘するように、親の措置の目的を
（超個人的な）価値の高い作用目的と、（個人的な）価値の低い作用目的とに区
別した上で、後者を教育目的にあたるとして民法1631条2項2文の体罰禁止
が適用されるものとする考えであるとみることができる。

第2項　批　判

　この見解に対しては、多くの批判がある。例えば、Roxin は「立法者は法
文の前半で『暴力なき教育』を受ける権利を謳っているのであり、教育目的
によらずに行われた体罰は常に可罰的であること、……そして、法文の後半
がいずれにせよあらゆる動機による体罰をカバーするものであることがそこ
では重要である」ことから、「そのような文言の解釈は、民法1631条2項の
文言は『体罰』そのものを禁止しているのであって、教育目的での体罰のみ
を禁止しているわけではないということに矛盾する」と指摘する[55]。

　また、親による教育措置を Hoyer が意図するやり方で相互区分すること
はできない[56]。例えば、Hoyer は「親の懲戒措置が子供の自傷的、あるいは
自己危殆化的な振る舞いを防ぐことを目的とする」ケースについて、「この
懲戒は教育目的によるものではなく、監護と監督に属する」[57]とする。しか
し、これは監護・監督を容易にする目的でなされるものであり、結局は将来
の人生において社会のルールに準拠するように義務付けるための教育に関わ
るものであるといえる[58]。自己危殆的な子供の振る舞い等を防ぐために動機

---

54) Manfred Heinrich, Elterliche Züchtigung und Strafrecht, ZIS 2011, S. 440.

55) Roxin, AT, § 17 Rn. 43. なお、2021年の改正により「教育」から「監護及び教育」へと民法
　1631条2項の文言が変更され、非暴力の要請が監護と教育の両方に適用されることが明記され
　た（Vgl. Grüneberg Kommentar BGB, § 1631, Anm. 1 [Götz]）ことにより、今日では Hoyer
　の見解は条文の文言に明確に反する解釈となった。

56) Roxin, AT, § 17 Rn. 43; Heinrich, S. 439.

57) Hoyer, S. 524.

58) Roxin, AT, § 17 Rn. 43; Heinrich, S. 440.

第4節 懲戒権に関する学説上の解決策及びその批判 81

付けをしようとして子供に体罰を加えることも監護と監督に属するという
Hoyer の分類に対する、「監護、監督及び居所指定は通常の理解では体罰に
よってはなされえない」[59] という指摘も、Hoyer の区分の問題性を示すもの
といえるだろう。

　価値の高い作用目的と、価値の低い作用目的とを区別するとしても、その
ような区分は可能なのか、あるいはどのような基準でその区分が行われるべ
きかという問題が生じる[60]。Hoyer は作用価値の高さ（超個人的・個人的）と
監護・教育がどのような理由で対応するのかについて詳細に論じていない。
Hoyer が、自己の解決策に沿うように教育概念をより詳細に定義していな
いのは、結局重複しない指針を確立することができなかったためであると結
論付けることができる[61]。Hoyer の見解では、「『教育』と、『監護』ないし
『監督』との中間を見分けることができても、その分岐線を見極めることは
できない」[62] のである。

　さらに、作用目的の価値の高さに基づき体罰を一部は禁止し、一部は許容
するというこのアプローチは、絶対的なものとして起草され、民法1631条2
項によって表された暴力なき教育に対する無条件の要求を相対化し、否定す
るものであるという批判がなされている[63]。

第4款　緊急避難（刑法34条）による違法阻却を認める見解
第1項　見　解

　Manfred Heinrich[64] の見解は、体罰を禁止された可罰的なものとした上
で、刑法34条の違法阻却的緊急避難の規定による正当化を試みるもので
ある。彼は2つの事案類型において刑法34条による違法阻却が考慮される
べきであるとする。1つは「子供がとても『頑なな（verstockt）』」ため、「親に

---

59) Roxin, AT, § 17 Rn. 43.
60) Heinrich, S. 440.
61) Virginia B. Hennes, Das elterliche Züchtigungsrecht-Ein derogierter Rechtfertigungsgrund?, 2010, S. 138.
62) Beulke, 2003, S. 38.
63) Heinrich, S. 440; Roxin, AT, § 17 Rn. 43.
64) Heinrich, S. 440 ff.

よる教育的作用が（客観的に）非暴力的措置によってはもはや不可能といえる」ケースであり、2つ目は「教育する者に（主観的に）もはや暴力なしで教育的作用を与える能力がない」ケースである。これらのケースでは、子供が「教育上の空白（Leerraum）」に陥る可能性があり、そのために親の教育的作用を受けられないことによって子供が受ける被害は、体罰による被害よりも大きいものである可能性がある。そこで、子供が教育を受ける権利に対する危険が「他の手段では回避することができない」場合に、「子供の教育上の空白に一人で放置されない権利と、その身体を傷つけられない権利が比較衡量され」、特定の範囲では適度な体罰も許されるとする。そして、ドイツ刑法で緊急避難の要件となるその「『著しい優越性』の限界は、すでに従来から親の懲戒権の限界とされていた」ところに引かれるとしている。つまり、刑法34条によって違法性が阻却される範囲は、従来親の懲戒権によって違法性が阻却されてきた範囲と変わらない。

「他の手段では回避することができない」という要件については、民法1631条2項によって暴力なき教育という目的準則が定着したとしても、実際には例外的なケースで子供に教育的作用のための軽度の体罰を用いることが必要であるか、少なくとも必要と思われる状況が教育においては存在するという前提の下で、「何らかの有用な教育的作用さえも、暴力なき教育措置を用いた親によってはもはや可能とは思われない場合」に要件が満たされるとする。

　彼は全ての親が、あらゆる困難な状況において立法者の理想に暴力的措置なしで対応できるとは考えておらず、親が教育不能に陥ることによって子供が受ける被害を刑法34条によって回避することができる上に、この方法によれば、非建設的な過剰な犯罪化なしで教育における暴力の追放を目指すという民法1631条2項の持つメッセージ性は失われないと考えているのである。

第2項　批　判
　この Heinrich の見解に対しては、例えば Roxin[65]から次のような批判が

---

65) Roxin, AT, § 17 Rn. 45.

第4節　懲戒権に関する学説上の解決策及びその批判　83

寄せられている。

　まず、Roxin は刑法34条の「他の手段では避けることができない危険」の要件に関して、「立法者は社会福祉法第8編において、子供や少年の保護についての広範な諸措置を予定して」おり、それゆえに「Heinrich の危惧する『教育上の空白』を防止するために立法者が用意した方法が存在するのであるから、『他の手段では避けることができない危険』の不存在により刑法34条の適用は認められない」と批判する[66]。また、これに関して、Roxin は Salgo[67]を引用し、刑事訴追機関に提供される児童保護及び少年保護に関する諸措置は、刑事訴訟法153a 条の手続中止の枠内で利用されうるものだ[68]との考えを示している。

　他に、刑法34条2文の手段とされた行為の適切性の要件に関して、「立法者はあらゆる体罰を『たとえそれが虐待の程度に達していなくても』、子供にとって許されない『屈辱』であるとみなして」いるため、「これを超える虐待は立法者の評価によると子供の人としての尊厳にかかわるものであり」、刑法34条2文の適切性の要件に違反するという批判がなされている[69]。

第5款　刑事不法阻却による解決を図る見解
第1項　見　解

Hans-Ludwig Günther[70]は、構成要件に該当する親の教育的な措置は体罰だけではないとして、親の懲戒権を理由とする違法阻却の検討では不十分であるとする。ここでの問題は親による子供への体罰に固有のものではな

---

66) これに対して Heinrich, S. 442は、「平手打ちを引き起こした『危機的な状況』にある教育者に、社会福祉法第8編で想定された措置を参照するように指示するという考えは……現実離れしている」と反論する。

67) Ludwig Salgo, Vom langsamen Sterben des elterlichen Züchtigungsrechts, RdJB 2001, S. 290.

68) これに対して Heinrich, S. 442は「Roxin の指摘は、すでに行った懲戒措置のために傷害で処罰対象となった者の場合にのみ該当し、いままさに平手打ちをする親権者に対して行為の代案を与えるものではない」と反論する。

69) これに対して Heinrich, S. 442は、人の尊厳の侵害を認めることについては非常に慎重になるべきであり、また、単なる法律草案への理由付けにおける発言のみで、立法者が容認できないと判断した行為に人の尊厳に反するものという烙印を押すことを導くことができるのか疑問であるとして反論する。

70) Hans-Ludwig Günther, Strafrechtswidrigkeit und Strafunrechtsausschluß, 1983, S. 352 ff.

84　第3章　ドイツにおける議論

く、名誉毀損や監禁、強要などにも関係すると指摘する。

　彼は、基本法及び民法と刑法の目的の違いから、基本法6条2項と民法1626条、1631条1項によって保護された教育権の範囲を超えるが、いまだ刑法上罰すべき不法には至らない領域を観念し、そこに「親の教育者特権」という刑事不法阻却事由を見出すのである。Güntherは、親の教育措置が基本法6条2項1文による親の教育権の保障という最も強烈な形で承認される領域と、親の教育措置が犯罪化という最も強烈な形で法によって否認される領域とが隙間なく隣接し、親の措置がわずかにでも基本法によって保障される限界を超えた場合に即座に刑法上処罰されることになるという事態に疑問を呈する。そして、立法者が民法1631条2項[71]を「特別な制裁を伴う禁止の規定」ではなく、単に教育のための「理想像」として理解していた[72]ことを指摘し、「親の教育者特権」という刑事不法阻却事由は立法者の刑事政策上の基本的決定に適合するものであるとする。なお、刑事不法阻却は違法阻却、責任阻却、処罰阻却とは異なったカテゴリーであり、法律の明文の外側にあるもの（praeter legem）であるとする。

　親子関係の存在と教育目的といった事由は、構成要件該当行為の行為無価値と結果無価値を、刑法上の違法性の程度の閾値の下へと押し下げる否定的な要因として機能し、それゆえに教育目的に基づく限りで、刑法223条に規定する身体的虐待にあたる軽度の行為や、あまり重大でない名誉毀損などについては基本的に刑事不法阻却が認められるとするのである。

　Güntherは親の刑事不法阻却事由としての「親の教育者特権」を、他の犯罪に関する刑法上の規定から正当化しようとする。教育義務に著しく違反しない範囲内において、暴力表現を18歳未満の者に交付し、もしくはこれらの目に触れうる状態にすること（刑法131条1項b）、16歳未満の者の性行為を機会提供、創出により援助すること（刑法180条1項1文2号）、及び、18歳未満の者にポルノ文書を提供し、譲渡し、もしくはこれらの目に触れうる状態に

　71）　2000年に改正された民法1631条2項についてではなく、「屈辱的な教育措置は許されない」という、Güntherが執筆した当時に問題となった文言への言及であることに注意する必要がある。なお、BT-Drucks. 14/1247, S. 6によると、2000年の立法者は1998年の民法1631条2項の改正の時点で親の懲戒権に基づく違法阻却事由は廃止されているとしていた。

　72）　BT-Drucks. 8/2788, S. 48.

すること（刑法184条1項1号）について、配慮権者の行為は子への教育的観点から構成要件該当性が否定されうる（刑法131条3[73]項、180条1項2文、刑法184条2項[74]）[75]。これらのいわゆる「親の教育者特権」に着目し、それぞれの構成要件該当行為が、配慮権限を持つ親が主体であることを理由に当罰性を欠くのであれば、同様に他の比較的重大でない犯罪構成要件の実現に際しても、配慮権限を持つ親が主体であることを理由に当罰性を欠くものとすべきであるというのである。

　どのような行為が刑事不法阻却の対象になるかについて、彼は民法及び憲法上の教育権限の限界をどれほど超えたかの程度によるものとしている。つまり、わずかに超える程度であれば当罰性は否定されやすく、逆に、特に民法1631条2項に関して権限を大幅に超えるのであれば肯定されやすいとするのである。

第2項　批　判

　この見解に対しては、法律上の根拠が欠けるという厳しい批判がある。つまり、「ある者が身体的虐待により刑法223条の構成要件を実現した場合、彼の原則的に備わっている可罰性は、法定された違法阻却事由、責任阻却事由、あるいは処罰阻却事由によって阻却されうるに過ぎない。それが認められない場合に追加的な超法規的不法阻却事由を創造することは裁判官の任務ではない」[76]というのである。裁判官が法律に根拠のない刑事不法阻却を創造することは、立法者が構成要件化した際の（vertatbestandlich）評価の潜脱になりかねない[77]。仮に裁判官にそのような刑事不法阻却事由の創造が可能であれば、「立法者は構成要件を判断することに加えて、どのような個々のケースで刑法上の不法が法使用者によって阻却されると評価されかねないかについて判断することを強いられる」[78]ことにもなるだろう。そして、そも

73）Günther が述べた当時は131条4項であったが、法改正により131条3項になった。
74）Günther が述べた当時は184条4項であったが、法改正により184条2項になった。
75）Vgl, Fisher, StGB, 66. Aufl., § 131 Rn. 17, § 180 Rn. 10, § 184 Rn. 39.
76）Roxin, AT, § 17 Rn. 41.
77）Hoyer, S. 523.
78）Beulke, 1999, S. 544; Claus Roxin, Rechtfertigungs- und Entschuldigungsgründe in Abgren-

86 第3章 ドイツにおける議論

そも明文の規定にない超法規的な刑事不法阻却の裁判官による創造は「処罰における法律上の明確性の原則に反するだろう」[79]。

また、刑事不法のみを阻却した場合には親の行為は、民法上は違法なままとなるため、殴られる子供のために第三者が緊急避難権を行使できることとなり、刑法上、許された闘争が生じることとなってしまう[80]。

第6款 手続的解決を図る見解
第1項 見 解

その他の見解としては、刑事訴訟法153条、153a 条による手続中止の可能性を挙げるものがある[81]。

刑法223条の罪は原則として親告罪であるが、「刑事訴追について特別な公益があるために、刑事訴追機関が職権による介入を必要と考えるとき」には、非親告罪となる（刑法230条1項）。そして、日本の犯罪捜査規範に相当する、刑罰及び過料の手続に関する指針（RiStBV）235条2項によると、児童虐待の場合には原則としてこの「特別な公益」が認められる。そのため、児童虐待の場合には原則として非親告罪となるのである。

刑事訴訟法153条に基づく手続の中止は、刑事訴追に関する公益がないことが要件となるが、刑法230条の特別な公益の方が刑事訴訟法153条の公益よりも大きいため、特別な公益のある場合には刑事訴訟法153条による中止は認められない。成功が見込まれる「社会教育的、家族療法的、またはその他の支援的措置」がとられた場合にのみ、刑事訴追に関する公益の低下により、中止が可能となる（RiStBV235条3項）のである[82]。

第2項 批 判

しかし、この見解では国家の介入による「刑罰手続開始のみで生じるス

---

zung von sonstigen Strafausschließungsgründen, JuS 1988, S. 431.
79) Roxin, AT, § 17 Rn. 41.
80) Beulke, 1999, S. 544; Roxin, Jus 1988, S. 431.
81) 例えば Roxin, AT, § 17 Rn. 46. ただし、Roxin はこの見解への批判を述べた上で、立法論としては、一身専属的な処罰阻却事由を定めることが適切だとしている。
82) Hoyer, S. 521.

ティグマ効果のことが見落とされて」[83]いる。「パトカーが乗り付けたり、──少なくとも小さな町では著名な──少年保護の協力者がドアのベルを鳴らしたりしたときの、隣人たちの好奇の眼差しのことを考える」[84]必要があるだろう。Roxin は、例えば父親が正当と考えて行った平手打ちのために一方的な悪者として晒し者にされた場合に、親子間の信頼関係が危機に陥ることで生じる家庭の平和と子供の成長への害の大きさを強調する[85]。また、「『教育的扶助か刑事訴追か』という選択を提示されること自体」[86]も国家による介入となるものであるといえるだろう。

さらに、そもそも親の運命を検察官の裁量に委ねるべきではないという批判も存在する[87]。

いずれにせよ、この手続的アプローチも実体法上の過剰な犯罪化に対する解決策とはならない[88]。

第5節　各見解の分析と日本法への示唆

本節においては、各見解の採るアプローチが日本においても採用できるものであるかを確認し、我が国にどのような示唆をもたらすものであるかを検討する。

第1款　Noak の見解について

Noak の見解を日本において転用するとすれば、子供への体罰を禁止する民法821条及び児童虐待防止法14条1項は親の教育権を侵害するものであり違憲無効ということになろう。

親の教育権は日本においても憲法上[89]承認されたもの[90]ではあるが、この

---

83) Beulke, 2003, S. 37.
84) Beulke, 2003, S. 37.
85) Roxin, AT, § 17 Rn. 49. Auch Hoyer, a.a.O.
86) Hoyer, S. 521.
87) Beulke, 1999, S. 545.
88) Hoyer, S. 521.
89) 憲法のどの条文を根拠に承認されるかについては争いがある。西原博史「親の教育権と子どもの権利保障」『早稲田社会科学総合研究　第14巻第1号』（2013年）72頁参照。

88 第3章 ドイツにおける議論

教育権は子供の福祉を絶対的な照準とするものである[91]。一方、子供の脳の発達に支障を及ぼす恐れがあるもの[92]として知られる体罰は子供の福祉に真っ向から反するものである。したがって、体罰は日本においても教育権によって正当化されるものではなく、日本においてこの解決策を採ることはできないといえる。

第2款　Beulke の見解について

「体罰及び精神的侵害が屈辱的性質を有している場合にのみ禁止される」という彼の見解は、Roxin や Hoyer が批判するように、文言と立法者の意思に反するものであり、ドイツ法の解釈としては無理があるように思われる。

Beulke の解釈を「体罰その他の子の心身の健全な発達に有害な影響を及ぼす言動をしてはならない」という日本の民法821条にあてはめると、「体罰」は必ずしも同条に規定された「子の心身の健全な発達に有害な影響を及ぼす言動」に該当するものではなく、子の心身の健全な発達に有害な影響を及ぼさない体罰は、監護及び教育に必要な範囲内の行為としてなお民法820条により許容されるということになるだろう。

しかし、この点はまさに令和4年の民法改正における法制審議会第25回会議において「健全な発達に影響がない程度の体罰であったら許されるのではないかといった、解釈上の懸念が生じかねない」[93]と危惧され、その後に要綱案の補足説明において「体罰に当たる行為は、当然に子の心身の健全な発達に有害な影響を及ぼす言動に該当するものであって、すべからく禁止されるべきものと考えられる」[94]と説明されるに至っており、ドイツにおける場合と同様に、我が国においても Beulke のような文言解釈を採用することは

90）芹沢斉・市川正人・坂口正二郎編『新基本法コンメンタール憲法』（日本評論社、2011年）232頁。

91）西原・前掲注89）72頁参照。

92）友田明美「体罰や言葉での虐待が脳の発達に与える影響」心理学ワールド80号（日本心理学会、2018年）13頁以下。

93）法制審議会民法（親子法制）部会第25回会議議事録（2022年）［磯谷委員発言］4頁。

94）法制審議会民法（親子法制）部会資料25-2「補足説明」（2022年）3頁。

できない。

　もっとも、どの程度の「体罰」が妥当なラインといえるのか、つまり、親の措置が具体的状況下において適切かつ教育上是認しうるものを超えたかどうかという、ドイツ刑法223条の構成要件該当性判断において用いると主張される基準に関する議論は、日本においてもどのような行為が民法821条の体罰等の許容されない親の措置に該当するかを検討する上で、一定の示唆を与えうるだろう。

第3款　Hoyerの見解について

　親の措置を監護目的と教育目的に分けるというHoyerの発想そのものは、一定の魅力があるように思われる。しかし、日本の民法821条は「体罰その他の子の心身の健全に発達に健全な発達に有害な影響を及ぼす言動」を禁止しており、監護目的であれ教育目的であれ「体罰」を「子の心身の健全に発達に健全な発達に有害な影響を及ぼす言動」に該当するものとして禁止しているのであるから、文面上は体罰の禁止が教育についてのみに該当するようにも読むことができた2021年改正前のドイツ民法1631条2項とは状況が異なる。

　もっとも、いかなる親の措置が「体罰」に該当するのかを検討する際に、当該措置が教育目的であるか監護目的であるかということに着目することは、民法821条及び児童虐待防止法14条1項の明文の規定に反するものではないだろう。第4章においても確認するが、当該行為が体罰に該当するかを検討する際にその目的に着目することは、第2章で見たように判例及び裁判例における判断枠組みに反するものではない。

　しかし、第4節におけるHoyerに対する批判でも見たように、価値の高い作用目的によるものを監護目的とし、価値の低い作用目的によるものを教育目的とするHoyerの分類は、受け入れがたいものである。この分類についてはHoyerの主張においても、「結論として納得のいくものである」[95]とあるのみで、具体的に根拠をもって示されてはいない。

95）Hoyer, S. 524.

90 第3章 ドイツにおける議論

　Hoyer の記述から推察するに、彼の立場は、客観的な子供の利益を擁護するものを「監護」及びドイツ民法1631条1項にいう「監督」、法的共同体を擁護するものをドイツ民法832条により要求される「監督」、親の主観的な意思を押し通すものを「教育」と分類しようとするものである。そして、親の教育権を保障する基本法6条2項1文の要求から、2000年改正民法1631条2項は後者の価値の低い作用目的のみを制限するものであるとする[96]。ゆえに、いわば親のエゴによって子供をテニススターにするための暴力は教育目的であるとして民法1631条2項によって捕捉され、一方、子供の生命・健康という利益のためである、子供が有害物質を摂取することを防ぐための暴力は監護あるいは民法1631条1項による監督であるとして、2000年改正民法1631条2項の対象外であるとする。しかし、Hoyer が自ら引用した「より動的な発達で、進歩に関連する」という「教育」概念が、「親の主観的な意思を押し通す」というメルクマールとどのように対応するのかは、全くもって不明である。

　さらに、Hoyer は子供に「勤勉」や「礼儀作法を促す」ための監禁も教育目的であるとしている。勤勉や礼儀作法を促すための監禁が教育目的による措置にあたること自体については一般的な感覚からは異論はないものの、これらが常に「親の主観的な意思を押し通す」ものといえるかについては疑問が残る。Hoyer はどのようなものが「親の主観的な意思を押し通す」ものに該当するかについても何らの説明も加えていないのである。

　それにもかかわらず、同一態様の行為が作用目的の価値の高さで「監護」か「教育」かに区分されるということは、結局のところ、制限されるべきでないと Hoyer が考える作用目的を、価値の高い作用目的、つまり「監護目的」として区分するものに過ぎないのではないだろうか。例えば、「子供が有害物質を摂取するのをやめさせようとした」という目的や、「子供に合法的な振る舞いをさせようとする」目的は、どちらもともに多くの親にとっては（Hoyer が作用価値の高いものとする）法的共同体の利益を推進するものではなく、子供に健全に、適切に育って欲しいという親の個人的な目的である可

---

96) Hoyer, S. 524.

第5節　各見解の分析と日本法への示唆　91

能性があるが、Hoyer はこれを作用価値の高いものとして監督目的に分類する[97]。以上のように、Hoyer の区分は疑わしいものであり、そのまま日本法において受け入れることはできない。

　もっとも、監護目的と教育目的を区別して考えるという発想自体は日本法においても活用しうるものであり、示唆的なものである。また、Hoyer の区分は失敗したものと評価できるが、その失敗自体も、目的の区分の重要性及び難しさを示すものであり、一定の示唆を与えるものであると評価することができるだろう。

第4款　Heinrich の見解について

　Heinrich の見解は、全ての親があらゆる困難な状況において立法者の理想に暴力的措置なしで対応できるわけではないという考えから出発するものであり、懲戒権によることなく問題を解決しようとしたものである。しかし、この見解については Roxin からの批判にもあるように、刑法34条の要件該当性に疑問が生じる。この Roxin からの批判に対する Heinrich の反論[98]は、確かに現実に即したものではあるが、ドイツ刑法34条の構成要件の解釈としては疑問である。

　日本においても、Roxin の批判は妥当する。日本においても様々な制度的措置が講じられており、「子供の教育上の空白」は「やむを得ずした」の補充性要件を満たさないだろう。また、民法及び児童虐待防止法上禁止される体罰が、教育の場において相当性の要件を満たすかについても疑問がある。加えて、親と子の関係は継続するものであることを考えると、その場で直ちに体罰を加えずとも、後の（行政機関等に相談の上で）専門家等の助力を伴った教育的措置によって「教育上の空白」を回避することは十分可能であるのではないか。つまり、その場で体罰を加えなければ直ちに「教育上の空白」が生じて子供の権利が侵害されるという状況ではないのではないだろうか。そうすると、そもそも当該状況において「現在の危難」は存在しないといえ

97）Heinrich, S. 440 も同旨の指摘をし、区別に疑問を呈している。
98）前掲注66) 68) 69)。

よう。

さらに、日本においては行政によって子育てについて行政の補助があることを親に広報する努力がなされている[99]。教育上の空白への救済は、親による体罰を緊急避難によって正当化することによってではなく、行政の努力によって実現されるべきものである。

Heinrich は子供の教育を受ける権利に侵害される子供の利益よりも優越的な利益を認め、刑法34条による緊急避難によるべきであるとする。しかし、「著しい優越性」の限界をすでに従来から親の懲戒権の限界とされていたところに引き、親の懲戒権によって違法性が阻却されていた範囲について（刑法34条の「他の手段では回避することができない」という要件を満たす限りで）正当化されるとしていることから推察すると、Heinrich は「親の懲戒権」という違法阻却事由も、結局は優越的利益の原理に還元されるものとして考えていたのではないかと思われる。

以上のように、緊急避難による違法阻却という Heinrich の主張する手段は我が国においても採用することは難しいように思われるが、親権による違法阻却の根拠を優越的利益に求めるという発想は日本においても適切なものであろう。

第5款　Günther の見解について

構成要件に該当する親の教育的措置は、体罰に限られるものではなく、懲戒権による違法阻却の検討だけでは不十分だという Günther の指摘は適切なものである。日本法の検討においても、親による行為がどこまで許されるかを検討するにあたっては、必ずしも懲戒とはいえない行為による監禁や強要等に関しても検討しなければならないだろう。

彼の刑事不法阻却の考えを日本法にあてはめると次のようになるだろう。民法821条の「体罰」等に該当し、監護教育権の行使として許容される範囲

---

99) 例えば、京都市においては産前の母子手帳交付時や助産師の家庭訪問のときなどに、行政による子育ての補助についての口頭・書面での説明があり、子育てに困った場合における児童福祉センターへの相談が促されている。このような包括的な子育て世代への支援は、現在全国規模で展開されている。体罰等によらない子育ての推進に関する検討会（第3回）参考資料「体罰等によらない子育ての推進について」（2019年）15頁以下参照。

を超えるが、なお当罰性を欠き、刑法上処罰されない領域が存在する、と。

　Günther が前提とする違法相対性論はドイツにおいては少数説である[100]が、我が国においては、違法相対性論はより一般的である[101]ため、ドイツと比較して我が国において Günther の議論は受け入れられやすいように思われる。

　彼は親子関係の存在という事由と教育目的であるという事由を当該構成要件該当行為の行為無価値と結果無価値を押し下げる要因として挙げているが、このうち親子関係の存在については、児童虐待防止法が14条２項において「児童の親権を行う者は、児童虐待に係る暴行罪、傷害罪その他の犯罪について、当該児童の親権を行う者であることを理由として、その責めを免れることはない」と規定しており、児童虐待に係る暴行罪については親子関係があることを理由として刑罰を免れることを明文で否定している。しかし、「児童虐待に係る」暴行罪とは、児童虐待防止法２条によると「児童の身体に外傷が生じ、又は生じるおそれのある暴行」等による暴行罪のことをいうのであり、このような強度の暴行についてはもはや刑法上処罰されない領域を超えるものとして理解できるため、児童虐待防止法14条２項は Günther の主張を日本において採用する際の障害となるものではないといえる。

　もっとも、日本法においては違法相対性論や可罰的違法性の理論がより一般であるため、民法上違法ではあるが刑法上処罰されない範囲を表すためにあえて「刑事不法阻却事由」という広範にわたる超法規的な概念を持ち出す必要性は乏しいだろう。また、違法性も責任も処罰も阻却しない、超法規的な「刑事不法阻却事由」を一般に認めることは、憲法31条との関係で我が国においても難しいと思われる。

　このように、Günther のいう刑事不法阻却による理論をそのまま採用することは我が国においても難しいだろう。しかし、ここでの問題が体罰に固有のものではないという視点は、日本法の検討においても留意すべきである。また、教育目的という事由が当該構成要件該当行為の行為無価値と結果無価

100）Vgl. Roxin, AT, § 14 Rn. 35 ff.
101）例えば違法の相対性を認めるものとして山口・総論190頁、やわらかな違法一元論を認めるものとして井田・総論272頁など。

値を押し下げるという発想は日本法の解釈に対しても極めて示唆的なものであるといえるだろう。

第6款　手続的解決を図る見解について

　ドイツにおいては起訴法定主義が採られているため、検察官は捜査の結果を踏まえて起訴を行う必要があるのが原則である。そこで、親による体罰が問題となる事例においては起訴便宜主義的な規定である刑事訴訟法153条による手続の中止により、親の処罰を避けようとするのである。一方日本では起訴便宜主義が採られており、同様の問題解決の方法としては不起訴（起訴猶予）処分（刑事訴訟法248条、刑事訴訟規則75条2項20号）が挙げられる。したがって、日本法においてこの解決策を採ることに法律上の障害はないといえる。

　しかし、批判において触れたように、起訴猶予処分によっても刑事手続の開始によるスティグマ効果は避けることができず、子供の生育環境を破壊してしまう恐れがある。また、他の解決策によって可罰性を限界づけることを放棄し、検察官の裁量に親の運命を委ねることが適切かという疑問は、日本においても妥当するといえるだろう。現に我が国においては、第5章で見るように極めて軽微といえる親の有形力の行使についても検察官によって起訴され、裁判所に有罪と判断されていることに留意すべきである。

　親の行為の構成要件該当性、違法性判断を棚上げし、検察官による裁量に委ねるこの解決策は、親による有形力の行使等の措置がどの程度まで正当化されるかという本稿の目的に示唆を与えるものとは言い難い。

第6節　小　括

　本章においては、新たに体罰等が明文で禁止された我が国における議論の参考とするために、2000年からすでに体罰等が明文で禁止されていたドイツでの議論について概観・検討した。

　従来ドイツでは親の子に対する違法阻却事由としての懲戒権が認められていた。しかし、2000年の民法1631条2項の改正により体罰が明文で禁止され

るに至った。これによってあらゆる種類の体罰が禁止され、過剰な犯罪化への懸念が生じた。そこで、一定の範囲の親の懲戒措置の正当化に向けて学説上様々な試みがなされるに至った。

　民法1631条2項を違憲無効とする見解、民法1631条2項の憲法適合的解釈として、体罰及び精神的侵害が屈辱的性質を有している場合にのみ禁止されるとする見解、同じく憲法適合的解釈として、懲戒措置を監護目的と教育目的に区別し、(2000年改正の)同項2文は教育目的の場合にのみ該当するとする見解、体罰を禁止された可罰的なものとした上で、刑法34条の違法阻却的緊急避難の規定による正当化を試みる見解、教育目的の存在と親子関係を親の措置の結果無価値と行為無価値を押し下げるものとして理解し、軽度の構成要件該当行為については「親の教育者特権」として刑事不法阻却されるとする見解、手続の中止という手続的解決による見解が主張される。実体法的な解決策は、違法の相対性を認めていないドイツにおいてはどれも克服できない批判を受けており問題を適切に解決するものとはいえず、一方、手続的解決はドイツで通説的地位を占めるものの、過剰な犯罪化に対する解決策を示すものとはいえない。

　これらの見解の採る方法は、日本にあてはめる場合においてもそれぞれに難点があり、そのままでは問題を解決する正答とはなりえない。しかし、それぞれの見解の持つ発想や視点は一定の示唆を与えるものであるといえる。

　以上のように、本章では、ドイツにおいて主張される見解は、日本での議論にも一定の示唆を与えるものであるが、それぞれに克服すべき課題があり、その課題は我が国での議論においても立ちはだかることを確認した。

第4章

体罰・懲戒等の措置とその可罰性

第1節　本章の目的

　我々が日常の中で何気なく子育てにおいてする行為の中にも、厳密にみれば構成要件に該当しうる行為は多数存在する。それは、親による懲戒行為に限られるものではなく、また、それは有形力の行使に限られるものでもない。

　本章においては、そのような行為も含めたあらゆる親による行為のうち、いかなる行為がいかなる理由により許され、または許されないのかについて、第1章から第3章までで得た知見を基に検討を加え、明らかにすることを目的とする。本章は、親の措置の限界についての私見を提案するものである。

　民法821条が「体罰」のみならず「子の心身の健全な発達に有害な影響を及ぼす言動」を禁止したことによって、「体罰」に該当しない行為についても親権行使として許容される範囲を超えうることが明記された。一見するとこれによって、取り立てて「体罰」該当性について論じる意義が減じたようにみえるかもしれない。しかし、第1章において確認したように「子の心身の健全な発達に有害な影響を及ぼす言動」に該当する範囲が不明確な上に、「体罰」に該当すると判断された場合には「子の心身の健全な発達に有害な影響を及ぼす言動」にあたりすべからく禁止されるものとされる[1]ことからすると、なお「体罰」該当性に焦点を当てて論じる意義は大きいように思われる。

　本章の主な枠組みは次の通りである。まず、構成要件に該当しうる親の措

---

1) 法制審議会民法（親子法制）部会資料25-2「補足説明」（2022年）3頁。

置を監護目的と教育目的によるものとに区別し、教育目的によるものをさらに罰（及び罰による動機付け）を目的とするものとしないものとに区別する。そして、身体的な罰（及び罰による動機付け）を目的とするものを体罰として把握する。体罰に該当する措置は監護・教育に必要な範囲の措置に含まれず、刑法35条によっては違法阻却されない（第2節〜第5節）。監護・教育目的の親の措置（体罰に該当するものも含む）のうち、違法性が軽微（絶対的軽微）なものについては可罰的違法性の理論による構成要件該当性の否定を検討する（第6節）。また、構成要件該当性が否定されないものについては監護・教育に必要な範囲内の措置であれば刑法35条により違法性が阻却される。そして、監護・教育に必要な範囲か否かの判断は、優越的利益原理を基に、親の措置によって保護されうる子の利益と親の措置によって損なわれることになる子の利益との比較によってなされる（第7節）。

第2節　監護目的と教育目的

ケース1　親であるEは、子であるK₁（1歳）が嫌がるにもかかわらず、そのお尻の穴の中に綿棒を入れてかき回した。K₁は慢性的な便秘であり、Eのこの行為は「綿棒浣腸」と言われる、排便を促すことを目的とする行為であった。

ケース2　K₂（4歳）は車が大好きな子供であり、隙あらば親であるEの手を振り払い車道に飛び出そうとする性質を持っていた。そこで、EはK₂の飛び出しを防ぐために手首同士をつなぐハーネスを用いて自己の手とK₂の手をつなぎ、4時間にわたってK₂が自己から1m以上離れられないようにした。

　以上のケースは子育ての日常においてはごく普通にありうるものであるが、厳密に考えるとケース1[2]は侵襲性を有するものであり暴行罪の、ケー

---

2) ケース1のEの当該行為は、かつての議論では医師法上の「医行為」に該当し、医師法17条に違反するかが問題となりうるものであった。しかし、タトゥー施術行為の医行為該当性が争われた最決令和2年9月16日・刑集74巻6号581頁は「医行為」を「医療及び保健指導に属する行為のうち、医師が行うのでなければ保健衛生上危害を生ずるおそれのある行為」としており、医行為該当性については諸般の事情を考慮した上で「社会通念に照らして判断するのが相

ス 2 は長時間にわたって狭い範囲においてしか移動の自由を認めないものであり逮捕・監禁罪の構成要件に該当するものである。しかし、いずれも専門家によって推奨されうる[3]ものであり、社会的に是認されるものであることは疑いがない。上記のケースはいずれも親の監護権（民法820条）の行使によるものであり、正当行為として違法性が阻却される。上記のケースのいずれもが「体罰」に該当しないことは日常の感覚として是認しうるだろう。

　現に、厚生労働省の報告書[4]では「罰を目的としない、子どもを保護するための行為……や、第三者に被害を及ぼすような行為を制止する行為……は、体罰に該当し」ないと明記されている。平成23年民法改正、令和元年児童虐待防止法改正、令和4年民法改正という一連の法改正における立法過程でしつけを口実とした体罰が懸念されたように、体罰は通常しつけ、教育を目的としてなされる。他方、Roxin が「監護、監督……は通常の理解では体罰によってはなされえない」と指摘するように、真に監護目的によってなされた行為であれば、その措置は通常罰を目的としないものであるため、体罰にあたらないものとなるはずである[5]。そのため、体罰該当性を検討するにあたっては親の措置が監護目的でなされたのか、教育目的でなされたのかということがメルクマールとなる。私見によると、そもそも罰を目的とすることを想定しえない監護目的による措置、罰を目的としない教育目的による措置、罰を目的とする教育目的による措置に大別されることとなり、罰を目的とする教育目的による措置が体罰に該当するものとしないものに区分される

　当である」とし、タトゥー施術行為については「医師が独占して行う事態は想定し難い」として医行為該当性を否定した。この判例に照らせば、Eの当該行為も医師が独占して行う事態は想定し難く、同様に医行為該当性は否定されるだろう。

3）例えば、ケース1に関し、愛媛県医師会が乳児の肛門にベビーオイルなどをつけた綿棒を出し入れすることを促すものとして、愛媛県・愛媛県医師会・愛媛県小児科医会「赤ちゃんのうんち、どう？」
（http://www1.ehime.med.or.jp/epa/booklet/baby%20poo.pdf 2024/9/19閲覧）3頁。
ケース2につき、教育評論家が大手教育会社の運営する子育てサイトにおいて、子供の安全のためにハーネス着用を推進するものとして、親野智可等「子ども用ハーネスはあり？なし？［教えて！親野先生］」（https://benesse.jp/kosodate/201707/20170725-1.html 2024/9/19閲覧）など。

4）厚生労働省・体罰等によらない子育ての推進に関する検討会「体罰等によらない子育てのために」（2021年2月）。

5）Vgl, Münchener Kommentar BGB, § 1631 Rn. 18, ［Huber］.

こととなる。

第3節　Hoyerへの批判の回避と
監護目的・教育目的に関する私見

　もっとも、私見と同様に教育目的か監護目的かに着目するHoyerの見解がそのまま受け入れることができないものであることは第3章において確認した通りである。そこで、本節においてはHoyerに向けられた批判が本稿の見解には妥当しないことを確認する。

第1款　「監護」「教育」の定義及び分類に関して
　このHoyerの失敗は第一に、監護目的と教育目的をその字義から離れて作用目的の価値の高さに着目して区別を試みたことによって、両者が曖昧なものとなり、その区別に失敗したことに由来する。つまり、教育を「より動的な発達で、進歩に関連する」もの、監護を「より静的で保護に関連する」もの、監督を「子供への侵害の防止のみでなく、子供が第三者を侵害することを防止することも要求」するものと設定したにもかかわらず、実際には客観的な子供の利益を擁護するものを「監護」及びドイツ民法1631条1項による「監督」、法的共同体を擁護するものをドイツ民法832条による「監督」、親の主観的な意思を押し通すものを「教育」と分類しているようであり、設定した定義と実際に行う分類が一致せず、何が「教育」、「監護」、「監督」にそれぞれ該当するのかが不明確になっているのである。
　教育目的と監護目的を区分するのであれば、教育と監護の定義付けが決定的に重要なのであり、本稿においてもこの定義付けを適切にすることによりHoyerへの批判を回避することを試みる。
　第1章で確認したように本稿における「教育」は、子を将来（爾後）において身体的・精神的に向上させる目的で、積極的に子の利益を増進するよう試みるものを指し、「監護」とは、消極的に子を不利益から守ることによって、現状の維持あるいは現状の延長線上にある成長を目指すものをいい、ある行為が客観的に見て教育にも監護にも属するように見える場合、親の処置

が教育にあたるか否かは親の主たる目的が何であるかによって決せられると
している。つまり、子供を侵害及び危険（マイナス）から守り、現状（ゼロ）
を維持するものは「監護」に分類され、現状（ゼロ）から子の将来における
利益を増進する（プラスにする）ものが「教育」に分類されることとなり、あ
る行為が客観的に見て侵害・危険（マイナス）から子を守り、現状（ゼロ）を
維持すると同時に、将来における利益の増進（プラス化）の性質も有する場
合、親の主たる目的がどちらにあるかによって「監護」に分類されるか「教
育」に分類されるかが決せられることになる。

　この「監護」と「教育」の分類は、教育及び監護の民法上の議論及び字義
を参照して設定した定義に即するものであり、Hoyer の区分のように定義
と分類の乖離が生じておらず、定義と実際の分類の分離ゆえに問題の措置が
監護と教育のどちらに該当するかが不明確であるという、Hoyer が陥った
事態を回避しうるものと思われる。

第2款　体罰の相対化が立法者の意思に反するとの批判に関して

　Hoyer に向けられた他の批判は、子供に対するあらゆる体罰が禁止され
るのであり、監護及び監督目的であれば体罰が許されるとし、許される体罰
と許されない体罰に相対化することは、立法者の明確な意思に反して許され
ないというものであった。

　日本の親権・懲戒権規定及び児童虐待防止法改正の議論において懸念され
ているのは、しつけを口実として子供に対する体罰・虐待が行われることで
あり、子を不利益から守るための監護目的でなされた措置を「体罰」として
捉えることを意図していない。そのことは、罰を目的としないものは体罰に
該当しないとする厚生労働省の報告書[6]や体罰を「制裁」として定義する民

　6）ただし、厚生労働省の報告書において例示されているのは必要最小限度の措置がなされた
ケースであり、措置の侵害の程度が目的に比して過剰である場合の体罰該当性については報告
書内で言及されておらず、また、本報告書についての議事録（厚生労働省・体罰等によらない
子育ての推進に関する検討会第1回議事録（2019年）〜第4回議事録（2020年））においても触
れられていない。もっとも、このように目的に比して侵害の程度が過剰であるものについて
は、体罰として捕捉せずとも監護・教育に必要な範囲を逸脱するものであり、結局は刑法35条
によっては正当化されないため、体罰に該当するものとした場合と同一の結論に帰する。その
ため、侵害の程度が過剰であるものも含めて体罰に該当しないと整理しても実質的な問題は生

法改正の要綱案の補足説明[7]によっても明らかである。したがって、本稿のように子供を不利益から守る監護目的でなされた親の措置が構成要件に該当するとしても、その行為が親権の行使として許容されるか否かは別として、通常は体罰には該当しないとする理解は、民法及び児童虐待防止法の改正における立法の趣旨に反するものとはならない。このように、本稿の立場は体罰であっても監護目的であれば有形力の行使等が許されると理解するHoyerの立場とは異なるものであり、Hoyerに向けられた批判はここでもあてはまらない。

第3款 「監護」「教育」と「監督」との関係

なお、Hoyerは、「監督」についてはドイツ民法1631条1項及び832条により「子供への侵害の防止のみでなく、子供が第三者を侵害することを防止することも要求」されるとし、監督目的の場合においても1631条2項の適用はないとしている。第2章でみたように、この点について、「親の懲戒措置が子供の自傷的、あるいは自己危殆的な振る舞いを防ぐことを目的とする」場合をHoyerは監督・監護に関するものとするが、このような措置は、結局は教育に属するのではないかとの疑問が寄せられていた。以下に述べるように、Hoyerのこの分類は日本法においても適切ではない。

まず、子供への侵害の防止は消極的に子を不利益から守るものとして監護に含まれる[8]とされる。

子供の他者への加害の防止義務に関しては、日本法においても以下に述べるように民法820条の義務の一つとして要求されている。

民法714条は1項本文において、責任無能力者が第三者に加えた損害を、法定の監督義務を有する者が賠償する責任を負うことを規定し、同項ただし書において監督義務を怠らなかった場合及び因果関係がない場合には責任を免れることができると規定している。また、本条における責任の性質につい

じないと思われる。例えばドイツ民法1631条2項においても、そのような措置は「体罰」としてではなく、「その他の屈辱的な措置」として把握されている。
7) 法制審議会民法（親子法制）部会資料25-2「補足説明」（2022年）3頁。
8) 奥田『民法親族法論』（有斐閣、1898年）344頁。

て、民法学説における支配的立場は監督義務者の自己責任であると理解している[9]。

　民法714条1項ただし書における監督義務について、従来我が国の多数説においては、監督義務者が責任能力のない未成年者の親権者の場合においては民法820条の監護教育義務を指すものと理解し、その内容を「当該具体的状況下で結果発生を回避するために必要とされる監督行為をすべき義務に止まらず、責任無能力者の生活全般についてその身上を監護し教育すべき包括的な義務」[10]と理解していた。つまり、具体的状況下において結果回避のために必要な監督義務だけでなく、未成年者に対して「日常生活で他人に危害を加えないようにきちんと教育」[11]する義務も要求された。民法714条ただし書は過失の立証責任を監督義務者側に転換するものであると同時に、生活関係全般についての包括的な監督義務を尽くすことを要求するものであり、この監督義務を怠らなかったことを立証して親が免責を認められることは極めて困難であった。

　一方、最近の最高裁の判例[12]には「責任能力のない未成年者の親権者は、その直接的な監視下にない子の行動について、人身に危険の及ばないよう注意して行動するよう日頃から指導監督する義務がある」が、「親権者の直接的な監視下にない子の行動についての日頃の指導監督は、ある程度一般的なものとならざるを得ないから、通常は人身に危険が及ぶものとはみられない行為によってたまたま人身に損害を生じさせた場合は、当該行為について具体的に予見可能であるなどの特別の事情が認められない限り、子に対する監督義務を尽くしていなかったとすべきではない」として、親の免責を認めたものがある。この判例から、民法714条1項ただし書きにいう監督義務を、民法820条にいう監護教育義務とは異質の、民法709条の過失の前提となる結果回避義務として捉えた上で、「監督義務者と被監督者との身分関係・生活関係に照らして捉えられる結果回避のための包括的な監督義務」と理解する

---

9) 潮見佳男『不法行為法Ⅰ〔第2版〕』（信山社、2009年）407頁。
10) 潮見佳男『基本講義　債権各論Ⅱ第2版』（新世社、2010年）90頁。
11) 潮見『不法行為法Ⅰ〔第2版〕』417頁。
12) 最判平成27年4月9日・民集第69巻3号455頁。

見解[13]がある。もっとも、この見解の論者も民法714条の監督義務と民法820条の監護教育義務を異質のものとしつつも、通常は人身に危険が及ぶものとはみられない行為によってたまたま人身に損害を生じさせた場合について、「監督義務者は、一般的な監護教育を尽くしていれば、監督義務違反を問われない」[14]としており、監督義務の履行としては、結局は監護教育義務が要求されていると理解できる。本判例が民法714条1項ただし書の親の監督義務を民法709条の過失における義務と同義のものであるとしたのか、それとも民法820条の監護教育義務に他ならないとしたのかについては議論がある[15]が、いずれにせよ、具体的状況下で直接的な結果回避に必要な措置が親に要求される場合を除き、一般的な監護教育義務を尽くせば監督義務違反とはならないのであるから、この場合に監督義務として要求されるものは監護教育義務の全部であるか一部であるかのいずれかであるといえる。

　子に責任能力がある場合については、監督義務違反が親自身の不法行為として問われることとなるが、その際に民法709条において求められる結果回避のための措置としての監督義務は「結果回避に向けられた具体的かつ特定の監督措置を内容とするもの」であるとされる[16]。未成年者の子が今まさに他者加害をしようとしている場合の他は、未成年の子が「非行を繰り返している場合や、犯罪歴・補導歴がある場合」[17]といったように、いずれ他者加害をすることが予見できるような事情がある場合が想定される。

　以上の前提からすると、「責任無能力者の生活全般についてその身上を監護し教育すべき包括的な義務」や「監督義務者と被監督者との身分関係・生活関係に照らして捉えられる結果回避のための包括的な監督義務」といったものは、未成年者の場合には、民法820条にいう監護及び教育をすべき義務に含まれ、この意味での「監督」は、結局、監護か教育に分類されることになる。

---

13) 潮見佳男『基本講義　債権各論II 第4版』（新世社、2021年）114頁以下。
14) 潮見『基本講義　債権各論II 第4版』115頁。
15) 監督義務を民法709条の過失における義務と異なるものとして捉える見解として、例えば吉村良一『不法行為法〔第6版〕』（有斐閣、2022年）209頁。
16) 潮見『基本講義　債権各論II 第4版』117頁。
17) 潮見『基本講義　債権各論II 第4版』118頁。

第3節　Hoyer への批判の回避と監護目的・教育目的に関する私見　　105

子に責任能力がある場合に要求される「結果回避に向けられた具体的かつ特定の監督措置を内容とする」監督義務の「監督」も、結局は監護か教育に分類されることとなる。まず、「子が非行を繰り返している場合や、犯罪歴・補導歴がある場合」（子が今まさに他者加害をしようとしている場合を除く）に親に求められる義務としては、子が非行に走らないよう教育をすべき義務、そして、この事情に加えてもはや親による監護教育では不適である事情がある場合には、子を少年院に入院させるための手続等の措置をとる義務ということになろう[18) 19)]。前者の非行に走らないように教育をすべき義務は教育義務に含まれ、後者の入院させるための手続等の措置をとる義務も、少年院の目的が少年の健全な育成を図り、かつ更生を促すこと（少年院法15条1項参照）であることを鑑みると、親が外部の助力を得て子の監護教育を実現するという監護教育義務に分類できる。よって、この「結果回避に向けられた具体的かつ特定の監督」義務も監護教育義務に含まれるものであるといえる。

　したがって、監督義務に関しては「当該具体的状況下で結果発生を回避するために必要とされる監督行為をすべき義務」（以下「具体的監督義務」とする）のみが教育目的と別種のものとして区分されうる。

　Hoyer が監督目的として分類する「子供に路上で遊んだり火をつけたりしないよう、あるいは自己の物や他人の物をふざけて壊さないよう、動機付

---

18) 少年院仮退院後の19歳の少年らが起こした強盗傷害事件についての最判平成18年2月24日・判時1927号63頁参照。なお、本判決は「親権者として、①被上告人ら（筆者注：親権者）の下で生活すること、②友達を選ぶこと、③定職に就いて辛抱強く働くことなどの保護観察の遵守事項を甲（筆者注：子）らに守らせ、また、これが守られない場合には、甲らを少年院に再入院させるための手続等を執るべき監督義務があった」のにこれを怠った過失があるとの被害者の主張に対して、遵守事項を守らせる義務の違反については成人を目前にした親下から離れて生活をする子に対して親権者として及ぼしうる影響力が限定的なものとなっていたことを理由に否定し、再入院手続をとる義務の違反については子の再犯を予測しうる事情がなかったことを理由に否定している。

19) 子を少年院に入院させるための手続等の措置としては、具体的には、子を「将来、罪を犯し、又は、刑罰法令に触れる行為をする虞のある少年」（少年法3条1項3号）として家庭裁判所に通告すること（少年法6条1項）や、児童相談所に通告すること（児童福祉法25条、少年法6条2項）などが考えられる。また、これらの親の措置の結果としては、家庭裁判所が審判によって子を少年院へ送致すること（少年法24条1項3号）の他、児童相談所長から報告を受けた都道府県が子を児童自立支援施設への入所させること（児童福祉法26条1項1号、27条1項3号）や、審判の結果として家庭裁判所が子を児童自立支援施設に送致すること（少年法24条1項2号）などが考えられる。

けする場合」については、監督義務のうち身上監護・教育義務にあたり、監護か教育のいずれかに属することとなる。そして、これは子どもを将来において社会適合的にすることを目指すもの[20]であり、積極的に子供の利益の増進を試みるものであるといえるため、監護と教育についての本稿の区分によれば教育目的にあたる[21]。

第4款　監護・教育の区分についての本稿の立場によるケースの分類

本節の最後に、以下のケースを本稿の立場に従い分類する。

ケース3　親であるEは、宿題をしない子K₃に対し、「宿題が終わるまで部屋から出るな」といい、部屋の前で見張りをして、トイレ等以外でK₃が部屋から出ることを禁じた。

ケース4　Eは部屋に閉じ込められたK₃が宿題をせずにゲームをしていたことから、「8時までに宿題を終わらせなければゲームを破壊する」と述べた。

ケース5　EはK₃が8時までに宿題を終わらせなかったことから、宣言通りK₃が自己のアルバイト代で購入したゲームを破壊した。

ケース6　EはK₃がゲームを壊されてもなお宿題をするそぶりを見せなかったことから、「宿題をしなさい」といいながらビンタをした。

ケース7　Eは、K₄（4歳）が車道に飛び出そうとしたため、とっさに車道と反対側にK₄を突き飛ばした。

ケース8　Eは車道に飛び出そうとしたK₄に対して、「もうこんなことをしてはいけません」と叫びながら力一杯ビンタをした。

ケース9　EはK₅が通行人Pに対してふざけて石を投げようとしていたため、K₅の手から石をはたきおとし、K₅が石を投げることを妨げた。

ケース10　EはK₅に対し、「人に石を投げてはいけません」といい、K₅にビンタをした。

ケース11　EはK₆（4歳）に対し、コミュニケーションの一環として、K₆の脇腹を3秒くすぐった。

ケース12　EはK₇（7歳）が一向に歯磨きをしようとしないので、こらしめ

20）Vgl. Heinrich, S. 440.

21）於保不二雄・中川淳編『新版注釈民法（25）親族（5）〔改訂版〕』（有斐閣、2004年）64頁〔秋山・國府〕や奥田・前掲注8）344頁によっても、教育目的に分類されると思われる。

ようと思ったが、殴ったりしてはいけないと考えて、「歯磨きしなきゃダメだろ」といいながら脇腹を3秒くすぐった。

　ケース3〜6は子供に宿題をさせることを目的とするものであり、子供の学力を伸ばし、あるいは宿題というルールを守らせることで子を社会に適合させ、子供の将来をより良いものとすることを目的とするものであるといえるため、子を将来（爾後）において身体的・精神的に向上させる目的で、積極的に子の利益を増進するよう試みるという教育目的であるといえる。

　ケース7は子供を車との衝突事故から守ることを目的とするものであり、子供の生命身体に対する不利益から子供を守り現状の健康状態を維持することを目的とするものといえるため、消極的に子を不利益から守ることによって、現状の維持を目指すという監護目的であるといえる。

　ケース9は子供が他者に石を投げることを防ぐ目的であり、具体的状況下において子供が他者の権利侵害をすることを回避することが目的であるといえるため、監督（他者加害防止）目的であるといえる。

　ケース10は子供に将来他人に石を投げないように動機付けることが目的であり、子を社会に適合させ、子供の将来をよりよいものとすることを目的とするものであるといえるため、教育目的であるといえる。

　ケース11はコミュニケーションを目的とするものであるが、親子のコミュニケーション、アタッチメント（愛着）は子の情緒発達の基盤となるものであり、社会に適応するために必要となるものである[22]。つまり、その必要性において精神的な面での食事と同様のものということができ、監護目的の行為と分類できる。

　ケース12について、親自身が子を押さえつけて無理矢理に子の歯磨きをするような場合には口腔環境の維持による健康状態の維持を目的とするものとして監護目的にあたるが、ケース12のように制裁を背景に歯磨きをさせよう

22）アタッチメント（愛着）とは、「子どもと特定の母性的人物（親や養育者）との間に形成される強い結びつき（絆）」のことをいうとされており（友田明美「3章　アタッチメントの発達／つまずきと脳」青木省三・福田正人編『子どものこころと脳　発達のつまずきを支援する』43頁）、不安定な対応などによってアタッチメントの形成が阻害されたときに起こるアタッチメント障害は脳に影響を及ぼし、子供の健全な発育を阻害するものである（同50頁以下）。

108　第 4 章　体罰・懲戒等の措置とその可罰性

とする場合には、子供に現在及び将来において歯磨きという生活習慣を身に
つけさせるために動機づけをするものであるといえ、教育目的にあたる。

　ケース 8 は子供が将来同様の飛び出し行為をしないように動機付けること
が目的であれば、ケース10と同様に教育目的にあたる。

　監護目的であるか教育目的であるか（あるいはそのどちらでもないのか）は行
為時点における親の目的（主観）の問題であり、結果として侵害された子の
利益が過大であった場合（例えばケース 7 において子が突き飛ばされたときに不幸に
も死亡した場合）においてもこれらの結論は異なるものではない。ただし、親
が行為時点において自己の措置がその目的との関係で著しく不均衡・不合理
な侵害を与えることを認識していた場合には、「子の利益のために（民法820
条）」なされた措置であるとは言えず、もはや監護目的も教育目的も認めら
れない。

第 4 節　監護教育権の行使による違法性の阻却と親権者の主観

第 1 款　監護教育権の行使による違法性の阻却

　親の措置が監護教育目的でなされた場合、特に、親が自己の行為を民法
821条の体罰等に該当しない行為であると考えていた場合には、すべて違法
性が阻却されるのかについて論じる。

　改正前民法822条や令和元年改正児童虐待防止法14条 1 項に規定されるよ
うに、監護教育権の行使は「監護及び教育に必要な範囲」でのみ可能である
と理解されていた。しかし、「監護及び教育に必要な範囲」がどの範囲なの
かは明らかではなかった。そして、令和 4 年の民法等を改正する法律によっ
て、禁止される行為の範囲をより明確にする[23]ために「体罰その他の子の心
身の健全な発達に有害な影響を及ぼす言動をしてはならない」という文言
で、「監護及び教育に必要な範囲」について、親権者にできないことを規定
するという形で民法821条が創設された。なお、条文の文言は「監護及び教

23）法制審議会民法（親子法制）部会資料25-2「補足説明」（2022年） 2 頁。

育に必要な範囲」でのみ可能という内容から「体罰その他の子の心身の健全な発達に有害な影響を及ぼす言動」はできないという内容に変わったが、「親権者において禁止される行為の範囲に変更はないことを前提」[24]としている。

構成要件に該当しうる親の措置が、監護教育権の行使として相当ではない場合、つまり、子の心身の健全な発達に有害な影響を及ぼす言動に該当する場合には、その親の措置は監護及び教育に必要な範囲の外側のものとして、親権の行使を理由に刑法35条によって違法性が阻却されることはない[25]。監護又は教育目的でなされた親の措置は、それが監護又は教育に必要な範囲内といえる場合にのみ、正当行為として違法性が阻却されるのである。

第2款　親権の行使と親権者の主観

親権の行使として許容される行為であるか否かについては、親権者の主観を基準として判断されるのではなく客観的に判断される。つまり、親権者が自己の行為を「子の心身の健全な発達に有害な影響を及ぼす言動」に該当しないものと考えていたとしても、「客観的に監護教育権の行使として相当でないと認められる行為は、子の心身の健全な発達に有害な影響を及ぼす言動に該当することにな」り[26]、監護教育権の行使として認められず、刑法上も違法阻却事由としては認められないことになる。

もっとも、客観的には違法阻却事由にあたらないとしても、主観的には監護教育目的にあたるのであれば、故意が阻却されないかが問題となりうる。そこで、次の事例を用いて親の主観面では監護及び教育にあたる場合につい

---

24)　法制審議会民法（親子法制）部会資料25-2「補足説明」（2022年）1頁。
25)　なお、「監護及び教育に必要な範囲」とはいえないが、「体罰その他の子の心身の健全な発達に有害な影響を及ぼす言動」に該当するともいえない行為については禁止の対象とならず、従来よりも禁止の範囲が狭くなるのではないかという疑問もありうる。しかし、立案担当者が「親権者において禁止される行為の範囲に変更はないことを前提」とすると説明していることと、親権が「子の利益のために」行使されるべきものであることからすると、そのような行為も従来禁止されていた範囲においては「子の利益のため」にならない行為として「体罰その他の子の心身の健全な発達に有害な影響を及ぼす言動」と併せて、あるいはそれに含まれて「監護及び教育に必要な範囲」の外側の行為にあたり、親権の行使としては正当化されないと理解できる。
26)　法制審議会民法（親子法制）部会資料25-2「補足説明」（2022年）3頁。

110　第4章　体罰・懲戒等の措置とその可罰性

て検討する。

　ケース13　親であるEは、K$_7$（7歳）のアレルギー検査の結果を見間違え、K$_7$に重度の甲殻類アレルギーがあると勘違いした。そして、ある日、机の上にK$_7$がお小遣いで買ってきた海老煎餅を発見した。Eは今から仕事で外出せねばならず、K$_7$が自身の留守中に誤って海老煎餅を食べてしまうと大変なことになると考え、遊びに行って不在であったK$_7$に断ることなく、当該海老煎餅を全て処分した。
　ケース14　Eは、テレビでSNSが麻薬や闇バイトなどに未成年引き込む温床となっているとのニュースを見た。そこで、Eは中学生の子K$_8$を犯罪から守るために、K$_8$がお年玉で購入したスマートフォンをK$_8$に無断で処分した。なお、EはK$_8$を犯罪から守るためにはフィルタリングや使用状況の確認をすれば足りると考えており、処分してしまうとK$_8$の学校での人間関係等において悪影響が出ると認識していた。
　ケース15　Eは、テレビでSNSが麻薬や闇バイトなどに未成年引き込む温床となっているとのニュースを見た。そこで、Eは中学生の子K$_8$を犯罪から守るために、K$_8$がお年玉で購入したスマートフォンをK$_7$に無断で処分した。なお、EはK$_8$を犯罪から守るためにはそれが相当な手段であり、親権の行使として許容される範囲内だと考えていた。
　ケース16　宗教Aを信じるEは、自分の子にも同じ宗教を信仰して幸せになって欲しいと考えていた。そこで、Eは生まれたばかりの自己の子K$_9$を、宗教的儀式として頭から全身を繰り返し水に沈めた。

　ケース13における親の行為は、子をアレルギー反応から守るという監護目的に基づく行為である。また、子の所有物である海老煎餅を無断で処分しているため、子の財産権を侵害するものといえる。しかし、親の認識した事実（子が重度の甲殻類アレルギー）を前提とすると、当該親の措置（海老煎餅の処分）は客観的にも監護に必要な範囲内であるといえる。このような場合には、事実の錯誤として故意が阻却されうる。そして故意が阻却された場合には、必要に応じて過失犯の成立を検討することになる。
　一方、ケース14においては、親は子を犯罪から遠ざけるという監護目的で行為に出ているが、その行為は監護に必要な範囲を超えており、親もそのこ

とを認識しているため錯誤にはならず、故意は阻却されない[27]。また、ケース15のように親が措置を講ずるにあたり、前提となる事実について錯誤はないが、その程度の措置は監護の範囲内に含まれると錯誤していた場合、包摂の錯誤にあたり故意は阻却されない。

ケース16は宗教的信念に基づいて監護教育権が行使された場合である。まず、このような場合においても体罰等に該当するかという判断は親の内心ではなく客観的に判断される[28]。そして、生まれたばかりの乳児を頭から繰り返し水に沈めるという行為は乳児を溺死させる危険のある行為[29]であり、子の心身の健全な発達に影響を及ぼす行為に他ならないため、監護教育権の行使として許容されることはない。そしてEは生まれたばかりの乳児の全身を繰り返し水に沈めるという事実自体は正しく認識しているのであるから、事実の錯誤も存在せず、故意は阻却されない。

以上の他、具体的監督義務に関する監督（他者加害防止）目的の場合も、監督に必要といえる範囲で違法性が阻却されることとなり、監護目的の場合と同様の処理がなされる[30]。

---

27) 客観的に監護・教育に必要な範囲内の措置であるが、親の主観的に監護・教育目的が欠ける場合及び、客観的に監護に必要な範囲内の措置ではあるが、親の主観的には罰を加えることを目的としていた場合については第7節第1款参照。

28) 佐藤隆幸編著『一問一答　令和4年民法等改正――親子法制の見直し』137頁。

29) 国外ではあるが、類似の態様による宗教的儀式の後に生後6週間の乳児が溺死した例がある（洗礼後に乳児死亡、肺に水　ルーマニア正教会に批判。AFPBB News 2021年2月5日（https://www.afpbb.com/articles/-/3330250?cx_amp=all&act=all　2024/9/19閲覧）参照）。

30) 監督（他者加害防止）目的での措置については、正当防衛（第三者救助）による違法阻却も考えられ、そちらによる解決の方が直截的であるようにも見える。しかし、親が具体的状況下で子の他者加害を防止することは民法上も求められる（子が責任無能力者の場合は714条ただし書によって、責任無能力者でない場合も709条によって要求されうる）ものであり、いわば法の要請に基づくものである。法が人に一定の行為を要請するのであれば、まず第一にその法の要請によってなされた行為が正当化されるかを検討すべきであり、法の要請（「監督」）と無関係な刑法36条による違法阻却よりも、刑法35条による違法阻却を先に検討すべきであろう。また、ケース13についても同様に誤想緊急避難による故意の阻却が考えられるが、子の監護は民法820条によって義務付けられるものであるところ、監督目的の場合と同様の理由から刑法35条に関連した故意の阻却から検討すべきであろう。

第4章　体罰・懲戒等の措置とその可罰性

第5節　「体罰」該当性について

　本章においてここまでに挙げたケースでは、監護教育目的による親の措置が監禁・器物損壊・暴行など、様々な犯罪の構成要件に該当しうるものであった。そのような親の措置が民法821条の「体罰」をはじめとする「子の心身の健全な発達に有害な影響を及ぼす言動」に該当するのであれば、刑法35条による違法性の阻却はされない。そして上述のように「体罰」に該当しない行為についても親権の行使として許容される範囲を超えうることが明記されたが、「子の心身の健全な発達に有害な影響を及ぼす言動」に該当する範囲が不明確な上に、「体罰」に該当すると判断された場合には「子の心身の健全な発達に有害な影響を及ぼす言動」にあたりすべからく禁止されるものとされることから、親の措置の「体罰」該当性を検討することには一定の意義がある。そこで、本節では体罰の意義について確認した上で、ここまでに挙げた各ケースが体罰に該当するものであるかを検討する。

第1款　体罰の意義

　体罰に該当しうる親の措置とはどのような類型の行為か。厚生労働省の報告書[31]は、「口で3回注意したけど言うことを聞かないので、頬を叩いた」、「大切なものにいたずらをしたので、長時間正座をさせた」、「友達を殴ってケガをさせたので、同じように殴った」、「他人のものを盗んだので、罰としてお尻を叩いた」、「宿題をしなかったので、夕ご飯を与えなかった」という行為を体罰の具体例として挙げており、「身体に何らかの苦痛又は不快感を引き起こす行為（罰）である場合は、どんなに軽いものであっても体罰に該当」するとし、一方で「罰を与えることを目的としない」行為については体罰に該当しないとしている[32]。また、教師の体罰に関するものであるが、桜

---

31) 厚生労働省・体罰等によらない子育ての推進に関する検討会「体罰等によらない子育てのために」（2021年2月）5頁。
32) 厚生労働省・体罰等によらない子育ての推進に関する検討会「体罰等によらない子育てのために」（2021年2月）6頁。

第5節　「体罰」該当性について　　113

宮高校体罰死事件を契機として出された平成25年3月13日の通知[33]では、体罰を「身体的性質のもの」つまり、「身体に対する侵害を内容とするもの（殴る、蹴る等）」及び「肉体的苦痛を与えるようなもの（正座・直立等特定の姿勢を長時間にわたって保持させる等）」としている。

そして、令和4年の民法改正における要綱案の補足説明において、体罰の意義について「子の問題行動に対する制裁として、子に肉体的苦痛を与えること」を指すものと定義された[34]。なお、厚生労働省が報告書で挙げる「不快感」という基準は、体罰の外縁部分を不明確にするおそれがあり、不快感を与える行為の例として挙げられる「掃除をしないので、雑巾を顔におしつけた」は「子に肉体的苦痛を与えること」に含みうるため、定義から除かれた[35]。

以上のように、体罰については①制裁（罰を与える）目的[36]（及び、制裁による動機付けをする目的）で行われ、②身体的苦痛を引き起こすものという2点をその要素として捉えることができる[37]。

このような体罰概念は、児童虐待問題に強く関心を寄せる昨今の我が国の社会情勢や、家庭における体罰の全面禁止が広がっている世界的な流れ[38]に沿うものであるといえる。

---

33) 文部科学省通知「体罰の禁止及び児童生徒理解に基づく指導の徹底について（通知）」（24文科初第1269号平成25年3月13日）。

34) 法制審議会民法（親子法制）部会資料25-2「補足説明」（2022年）3頁。

35) 法務省民事局参事官室「民法（親子法制）等の改正に関する中間試案の補足説明」（2021年2月）6頁。

36) 佐藤編著・前掲注28）133頁も参照。

37) 深町晋也「目黒女児虐待死事件——児童虐待の刑法的課題」55頁も同旨。

38) 例えば、ドイツ民法1631条2項の他にも、フランスにおいて2019年に民法改正が行われ、新民法371条の1第3項に「親権は身体的または精神的な暴力なしで行使される」という規定が挿入された。韓国においても2021年に体罰禁止を目的として懲戒権規定（民法915条）を削除する民法改正がなされた。また、児童の権利委員会の第4・5回日本の定期報告に係る所見（2019年3月）（https://undocs.org/CRC/C/JPN/CO/4-5 2024/9/19閲覧）のパラ26（a）においても、「家庭……を含むあらゆる場面におけるあらゆる体罰を、どんなに軽いものであっても、法律（特に民法及び児童虐待防止法）において明示的かつ完全に禁止すること」が要求されている。

第2款 体罰該当性についてのケースの検討

前述のケースに即して考えると、ケース4では、Eはゲームを破壊すると述べているが、そのように述べること自体は宿題をさせることを目的とするものであり、罰を与えることを目的とするものではないため、体罰にはあたらない。また、ケース5は罰を与えることを目的としてゲームを破壊しているものの、K₃の身体に向けられたものではないため体罰にあたらないこととなる。一方、ケース6はビンタという罰を与えることによって将来に宿題をすることの動機付けを行うための行為であり、かつ、K₃の身体に向けられたものであるため体罰に該当することとなる。ケース8及び10も同様に体罰に該当する。さらに、ケース12もくすぐりという制裁によって動機づけをするものであり、脇腹を3秒という極めて軽微なものではあるが、身体的苦痛を引き起こすものであるといえるため体罰に該当することになる。なお、ケース3は本稿の理解では体罰には該当しない。なぜなら、EがK₃を部屋に閉じ込めるのはあくまでも宿題をさせるための前提となる手段としてのものであり、罰を与えること自体や罰による動機付けをするためのものではないからである[39]。

以上のように、ケース6、8、10、12は「体罰」に該当し、親権の行使としては許容されない行為に該当するということになるため、構成要件該当性が認められれば、違法性の阻却は認められず、暴行罪等の犯罪が成立することになる。

一方、ケース1〜16のうちケース6、8、10、12を除く「体罰」に該当しない監護目的の行為及び教育目的の行為についても、構成要件該当性が認められるのであれば、民法821条の「子の心身の健全な発達に有害な影響を及ぼす言動」と判断されるものについては違法性の阻却が認められず、犯罪が成立することになる。

---

39) ただし、例えばEが、K₃は部屋にいるのが嫌であるから、閉じ込めると宿題をするように動機付けされると考えていたような場合には、罰によって動機付けをすることを目的とするといえるため、体罰に該当しうる。このケースは境界事例の一つである。

第6節　監護・教育に必要な範囲外の軽微な措置について　115

第6節　監護・教育に必要な範囲外の軽微な措置について

　上述のように、親の子に対する措置が体罰に該当する場合や、体罰に該当せずとも監護及び教育に必要な範囲を超える場合には、その親の措置は親権の行使を理由に刑法35条によって違法性を阻却されることはない。しかし、脇腹を3秒間くすぐるケース12のように、そのような措置が極めて軽微なものである場合にまで全て犯罪になるとすれば、その結論は妥当とはいえないだろう。まさにドイツにおいて懸念された平和になる家庭よりも破滅する家庭の方が多くなるという危険が生じることとなる。

　そこで、本稿においては、軽微な措置については可罰的違法性の欠如による構成要件該当性の否定による解決を試みる。なお、本稿の立場は違法性が阻却されない場合に構成要件該当性を肯定する消極的構成要件要素の理論ではなく、順序としてはあくまでも構成要件該当性を検討した後に刑法35条による違法阻却を検討するものである。

第1款　構成要件段階での可罰的違法性について

　可罰的違法性の理論は、刑法においては構成要件がその犯罪類型について一定の重さの違法性を予定しているという前提から、それが類型的に予想している最低基準の違法性を備えていない、あるいは全く違法性を持ち合わせていない行為について構成要件の該当性を否定する理論であるとされる。

　そして、可罰的違法性の判断においては違法性の量と質が基準とされる。つまり、結果無価値的側面においてすでに当該犯罪類型が予想している最低限の違法性の程度に満たないとして可罰的違法性が否定されるか、あるいは結果無価値がその限界線上にあるものの、行為無価値的な側面において、被害惹起行為が社会的相当性から逸脱する程度が軽微であることがあいまって可罰的違法性が否定される場合がある[40]。

40）藤木・総論119頁以下。

116　第4章　体罰・懲戒等の措置とその可罰性

第2款　監護・教育目的と可罰的違法性

　Günther は教育目的が構成要件該当行為の行為無価値と結果無価値を違法
性の程度の閾値の下へと押し下げる否定的な要因として機能するとしてお
り、私見もこれに賛成するものである。しかし、Günther はいかなる理由で
教育目的が結果無価値、行為無価値を押し下げるのかについて明らかにして
いない。したがって、以下では教育・監護の目的で親の措置がなされた場合
に、その目的が結果無価値及び行為無価値との関係でどのように作用するの
かを明らかにすることを試みる。

　主観的違法要素が問題とされる目的犯（例えば、通貨偽造罪（刑法148条）の
「行使の目的」）における「目的」や未遂犯における既遂結果惹起の意思は、法
益侵害の危険を基礎付けるものとして考えられている。つまり、通貨の「行
使の目的」や既遂結果惹起の意思が存在することによって、結果発生の危険
はそれがない場合と比べて著しく高まり、結果無価値が処罰に値する程度に
達するとされるのである[41]。

　目的犯においては、例えば通貨偽造罪では「行使」という、法益侵害の危
険が大きい行為を目的とすることによって、実際に流通という結果が発生す
る危険が処罰に値するほどに大きくなる。また、未遂犯においても、例えば
人に向けて発砲する意思があることによって、ピストルの引き金に指を添え
る行為の危険性が飛躍的に高くなる[42]。これとは反対に、発砲する意思があ
る場合でも、行為者が威嚇射撃のつもりで、被害者を外そうとして撃つ場合
には、当てようと意図している場合よりも危険性が低いといえるだろう[43]。
このように、主観的な要素である「目的」や「意思」は、法益侵害の危険性
に影響を及ぼし[44]、ひいては結果無価値を増減させうるのである。

　威嚇射撃として被害者を外そうと意図している場合に、当てようと意図し
ている場合よりも危険性が低くなり、結果無価値が減少しうるのと同様に、
親による「監護」「教育」という成果に事実的に向けられた行為は、身体侵

41）山口・総論98頁、井田・総論116頁。
42）佐伯仁志『刑法総論の考え方・楽しみ方』（有斐閣、2013年）107頁。
43）髙山佳奈子『故意と違法性の意識』（有斐閣、1999年）154頁。
44）髙山・前掲43）150頁。

害を追求するものではなく、したがって（身体侵害等を避けるために行為時に子の安全にも一定の配慮がなされるなど）類型的に子の身体に対する危険の小さい行為であるといえるため、監護・教育目的であることは当該行為の持つ危険を小さくするものとして作用し、脅迫罪などの危険犯においては結果無価値が減少しうることとなる。また、身体の安全を保護法益とする暴行罪[45]においても、親による「監護」「教育」という成果に事実的に向けられた行為は、同様に類型的に子の身体の安全の侵害の程度が少ない行為であるといえるため、結果無価値が減少しうることとなる。これは、客観的に子を痛めつける行為を親が勝手に「監護」「教育」と称している場合とは区別しなければならない。

　このように監護・教育目的という結果無価値を減少させる要素が合わさることにより、他の行為者による場合には辛くも可罰性が認められる措置においても、結果無価値的側面における軽微性が肯定されうるのである。

　一方、行為無価値的な側面についても、追求された目的（Zweck）が監護・教育である場合、親の意思としては究極的には子供の利益に向けられた行為であるといえ、子供の法益侵害自体を意図して行為がなされた場合に比べその行為を否認する必要性が小さいため、監護・教育目的の存在により行為無価値が一定程度減少することとなる。その点で、「防衛の意思」に類似する[46]。

　以上のように、親の措置が監護・教育目的でなされた場合には、その行為の結果無価値と行為無価値が減少することとなり、親の措置が監護・教育目的の存在により可罰的違法性を否定できる程度に軽微である場合には、構成要件該当性が否定されることになるのである。

　したがって、例えばゆする、服を掴むなどの態様による暴行、あるいは外出禁止や自室での軟禁、正座、あるいはハーネスのような態様による逮捕・監禁のうち軽微なものについては、構成要件該当性が否定されうることにな

45）浅田和茂・井田良編『新基本法コンメンタール［第2版］刑法』（日本評論社、2017年）449頁〔勝亦藤彦〕。
46）客観的には監護効果があり、監護に必要な範囲内の措置ではあるが、親の主観的には罰を加える目的の場合の刑法35条による違法阻却については第7節第1款参照。

118   第4章　体罰・懲戒等の措置とその可罰性

るだろう[47]。

第3款　違法性段階での可罰的違法性の阻却（超法規的違法阻却事由）について

　以上においては、構成要件段階における可罰的違法性について論じた。一方、行為によって生じた結果それ自体が軽微ではなく構成要件該当性が否定されない場合でも、可罰的違法性は「超法規的な違法阻却事由」として問題となりうる。

　違法性段階での可罰的違法性が問題となるのは、生じさせた法益侵害の程度自体は軽微ではなく構成要件に該当する行為について、特定の違法阻却事由の要件を一部満たすが、一部逸脱したために違法性の完全な阻却が認められないもののうち、逸脱の程度が軽微である場合[48]である。監護教育目的でなされた親の措置に関していえば、結果自体は重大であり構成要件該当性は否定できず、親権による刑法35条の違法阻却事由からも逸脱する（当該親の措置が監護教育に必要な範囲を超える）が、その逸脱の程度が軽微である場合である。

　次節（第7節）で述べるように、本稿では、親の措置が監護及び教育に必要な範囲内の行為といえるか否かについての判断を実質的な違法性の判断としており、そこでは親の措置によって実現される「子の利益」に、親の措置により侵害される子の利益よりも優越する利益（あるいは同等の利益）が認められることに違法性が阻却される根拠があるとしている。

　まず、体罰に関しては、本稿では体罰そのものには何らの教育的効果も存在しない（仮に何らかの効果が存在しうるとしても、体罰による害がその利益を著しく上回り、全体としてマイナスである）という立場[49]を前提としており、親の措置

---

47)　前田雅英『可罰的違法性の研究』（東京大学出版会、1982年）484頁、486頁、487頁注15、552頁参照。胸倉を掴むなどの行為態様では行為自体が積極的な価値を担うものでなくても可罰性を否定しうるとする。

48)　井田・総論269頁。

49)　Durrant, J. & Ensom, R., "Physical punishment of children: lessons from 20 years of research", Canadian Medical Association Journal, 6 February 2012, p. 1375. によると、体罰が子供の発達に長期的な積極的効果をもたらすことを示した研究は存在せず、大多数の研究が体罰が子供に否定的な影響を与えることを示している。

が個人的な主観としては教育目的であったとしても教育の結果価値を想定しえないため、結果無価値の結果価値による止揚が認められない。そのため、親の措置に構成要件段階における可罰的違法性が認められる場合、改めて違法性段階において可罰的違法性を検討する余地はない。

　また、体罰以外の監護・教育に必要な範囲を超える措置に関しては、親の措置が監護及び教育に必要な措置といえるかについての判断において、すでに、監護・教育目的や客観的事情、親の措置によって実現される子の利益と親の措置によって侵害される子の利益という要素を考慮した上で衡量を行い、刑法上許容されないとしているのであるから（次節）、改めて逸脱の程度が軽微であることを理由に可罰的違法性の否定を検討する必要がない。構成要件に該当する親の措置に、刑法35条の正当行為をもってしても阻却できない程度の刑法上の違法性を認めた上で、刑法上処罰されるべき違法性がないとすることは、情状が軽いから犯罪が成立しないとするのと変わらないのであって、適切ではない[50]。また、構成要件段階での可罰的違法性が肯定され、かつ、監護・教育に必要な範囲を超える措置というのは、子の法益の侵害が重大な場合であるため、たとえ違法阻却事由からの逸脱の程度が軽微であるとしても、子の法益保護の観点からすれば、少なくとも民法820条を根拠とする正当行為に関しては超法規的な違法阻却（違法性段階での可罰的違法性の否定）を認めることは許容されるべきではない。

第7節　監護・教育の範囲に関して

第1款　監護・教育目的がもたらす効果

　監護・教育目的に結果無価値と行為無価値の減少の効果を認める本稿の立場からすると、監護・教育目的が不存在の場合、親の措置が子供の監護・教育に効果を有したとしても、親権を理由とする刑法35条による違法阻却は認められない。なぜなら、監護・教育目的が存在することにより、はじめて、行為自体の持つ危険が減少し、また、その行為を否認する必要性が一定程度

50）藤木英雄『可罰的違法性』（学陽書房、1975年）133頁参照。

120 第4章 体罰・懲戒等の措置とその可罰性

減少し、その結果として正当防衛（刑法36条）や緊急避難（刑法37条）によっては正当化されない親の措置についても広く違法性が阻却されることとなるからである。

監護・教育目的が不存在の場合には、一般的な正当防衛や緊急避難による違法阻却[51]によるか、監護・教育目的と関係のない範囲での可罰的違法性の否定による構成要件該当性の否定がありうる。なお、当該親の措置が事後的・客観的に見て、監護・教育効果を有する、監護・教育に必要な範囲内の行為であると認められる場合には、結果不法が否定され、未遂犯処罰規定が存在する場合に未遂犯が成立しうるにとどまる[52]。

一方で、監護目的で教育に必要な範囲内の措置をした場合や、教育目的（体罰を目的とする場合を除く）で監護に必要な範囲内の措置をした場合については違法性が阻却されることとなる。なぜなら、結局は監護あるいは教育の目的があることにより、行為自体の持つ危険の減少及びその行為を否認する必要性の一定程度の減少が認められるからである。その上で当該措置が実際に監護あるいは教育に必要な範囲内の措置に該当するのであれば、違法阻却を認める根拠に欠けるところはないといえ、違法性が阻却される。

親権者が教育目的で体罰を行なった場合に、その教育目的の存在は違法性にどのような影響を及ぼしうるか。昨今、民法及び児童虐待防止法の改正により体罰が明文で禁じられ、メディアにおいても子育てにおける体罰が法律上全面禁止されることが広く報じられ周知されていた。そのような現状に鑑みると、たとえ教育目的であったとしても、罰や罰による動機付けを目的として可罰的違法性が肯定される程度の強度を持つ体罰を行った親は、自己の行為が子の利益を害するとして昨今問題とされ子育ての場において禁止される行為であることを認識しうる状態において、あえて当該措置を行なったと評価できる。そうであれば、「子の利益」の実現という観点からは、その行

---

51) ただし、第3章で検討したように、Heinrich の主張する教育目的の場合の緊急避難を認めることはできないため、子供の身体の保護を目的とする行為の場合のみが想定されることとなる。例えば、監護目的を欠く場合でもケース7は緊急避難により、ケース9は正当防衛により、それぞれ違法性が阻却されうる。また、ケース13では監護目的を欠く場合でも誤想緊急避難として故意が阻却されうる。

52) 井田・総論280頁参照。

為を否認する必要性は教育目的の存在にかかわらず依然として認められるため、行為無価値の減少は認められない。また、結果無価値の側面においても、体罰という「子の心身の健全な発達に有害な影響を及ぼす言動」を行う目的を持って行為しているのであるから、類型的に当該行為の持つ危険が小さいということもできず、結果無価値の減少も認められない。以上のように、親権者が教育目的で体罰を行なった場合には、その教育目的を理由とする行為無価値の減少も結果無価値の減少も認められない。上述（第4節第2款）のように、事実面において正しく認識していた場合には錯誤の問題も生じず、故意既遂犯が成立しうることとなる。

　この場合でも、仮に当該親の措置が事後的・客観的に見て監護効果を有する、監護に必要な範囲内の措置（例えば、子供が車道に飛び出そうとした瞬間に、親が罰による動機付けを目的として子に対してビンタをしたものの、仮にそのビンタがなければ子供は車道に飛び出し轢死していた場合[53]や、大便をしない子供に対して罰による動機付けを行う目的で、客観的に見て適切な手段で綿棒浣腸を行い、その綿棒浣腸の直接的な効果によって子供の便秘が改善した場合など）に該当するのであれば、結果不法が否定され、未遂犯処罰規定が存在する場合に未遂犯が成立しうるにとどまることとなる。

　最後に、監護・教育目的は存在するが、当該措置が監護・教育に必要な範囲を超える場合については、監護・教育目的の存在のみでは刑法35条の違法阻却を十分に根拠付けることができない。したがって、親の認識する事実を前提とすると当該措置が監護・教育に必要な範囲内であるといえる場合には事実の錯誤の問題として故意を否定しうるにとどまり、親の認識を前提としても監護・教育に必要な範囲を超える場合には故意既遂犯が成立しうる。

第2款　監護及び教育に必要な範囲

　監護及び教育に必要な範囲がどの範囲を指すのかについて、判断基準を明示的に列挙することは困難である[54]。令和4年の民法改正では禁止される行

---

53) もっとも、この場合については偶然避難として処理し、未遂犯処罰規定が存在する場合に未遂犯の限度での成立を認めることが直截的であろう。

54) 法制審議会民法（親子法制）部会第2回会議議事録［井上委員発言］12頁、［棚村委員発言］

為の範囲をより明確にするために「体罰その他の子の心身の健全な発達に有害な影響を及ぼす言動をしてはならない」と規定された。しかし、その範囲は「社会的なコンセンサスが形成されている範囲」であり、具体的な判断については「社会通念に照らして」判断される[55]など、依然として不明確なままである[56]。その判断にあたっては「当該行為の態様のほか、子の年齢、健康、心身の発達状況、当該行為が行われた場所的・時間的環境等を考慮して判断される」[57]との考慮要素が示されるが、その範囲の広狭は、どの要素をどの方法でどのように評価するかに左右されることとなるだろう[58]。また、次章において検討するように、昨今の裁判所は親権者の監護教育権の行使にあたっての裁量を狭く捉え、過度な処罰に偏っているのではないかと懸念される。そのため、諸要素が親権者の行為の違法性との関係でどのような意義を持つのかについて、確認することには重要な意義があるといえる。

　そこで、本款では、いかなる理由で刑法35条によって監護・教育に必要な範囲内の措置につき違法性が阻却されるのかに若干の検討を加え、刑法上どの範囲までが監護及び教育に必要な範囲として認められるべきかについて、少しでも明らかにするための指針を提案することを試みる[59]。

第1項　民法820条と正当行為による違法阻却

　一般に違法性を阻却する実質的な基礎は、同等利益・優越的利益の保護と法益性の欠如に求められるとされており[60]、刑法35条の法令行為による違法阻却についてもこれらの実質的な基礎から説明できるとされる[61]。法令行為においては、法令自体が一定の事項について、法令の定める要件の下で、そ

　13頁参照。

55）法制審議会民法（親子法制）部会資料25-2「補足説明」（2022年）3頁。

56）石綿はるみ「家族法のアラカルト（第1回）懲戒権規定の見直しをめぐって——親権者が『できないこと』、『なすべきこと』、『できること』」法学セミナー814号（2022年）65頁、久保野恵美子「児童虐待への民事法的対応——親権法改正について」法律時報94巻11号（2022年）28頁。

57）佐藤編著・前掲注28）136頁。

58）石綿・前掲注56）65頁参照。

59）山口・総論112頁も懲戒権による違法阻却の判断に際しては、実質的な違法阻却原理を援用することが必要になるとする。

60）平野龍一『刑法総論Ⅱ』（有斐閣、1975年）213頁、山口・総論110頁、井田・総論276頁など。

61）山口・総論111頁、井田・総論276頁。

の法令が保護しようとする法益に、構成要件該当行為が侵害する法益よりも優越的利益を認めているから違法性が阻却されると理解される[62]。

民法820条においては、親権は「子の利益のために」行使されるべきものであるとして規定されていることからわかるように、刑法35条によって正当化されるべき親権の行使は、「子の利益」の実現に向けられたものである。そうすると、その違法阻却の実質的根拠は、親の措置によって実現される「子の利益」に、親の措置により侵害される子の利益よりも優越する利益（あるいは同等の利益）が認められるところにあるといえる[63]。そして、優越的な利益の判断にあたっては侵害利益と保全利益の内容及び客観的事情が考慮要素となる[64]。

したがって、親の措置が監護・教育に必要なものとして違法阻却される範囲内にあるか否かの判断にあたっても、侵害利益と保全利益の内容及び客観的事情が考慮要素となる。つまり、侵害される利益の内容として、当該措置で侵害される子供の利益は何か、客観的事情として当該措置はその利益にどれほど影響を与える性質のものなのか、及び、実現される「子の利益」の内容として、当該措置の追求する監護・教育の実現により保護されあるいは得られる子供の利益がどのようなものであるか、そして客観的事情としてその利益の保護がどれほど要求されるものであるのかに関する事情が考慮要素となるのである。

そのため、以下では監護・教育措置によって侵害される子供の利益と、保全される子供の利益について順次検討を加えることとする。

第2項　精神的苦痛を与える措置とそれによって侵害される利益

1　精神的苦痛を与える措置についての日本の議論

令和4年の民法改正の法制審議会においては、議論の当初から監護教育は子の人格を尊重してなされるべきであり、体罰以外にも子を精神的に侵害す

---

62) 内藤謙『刑法講義総論（中）』（有斐閣、1986年）472頁、内田文昭『改訂 刑法Ⅰ（総論）〔補訂版〕』（青林書院、1997年）191頁。

63) Heinrich, S. 441は親の教育措置に著しい優越的な利益（子の教育を受ける権利）の存在を認め、緊急避難による解決を主張する。

64) 内藤『刑法講義総論（中）』314頁参照。

る措置も体罰と同様に許されないとすべきであると指摘されていた[65]。精神的苦痛を与える行為の禁止は、「精神的な苦痛」という現在の侵害そのものだけではなく、「健やかな成長・発達に悪影響を与える可能性」[66]という将来の侵害も意識したものであり、最終的には「子の心身の健全な発達に有害な影響を及ぼす言動」と将来性を強調する形で規定された[67]。

　法制審議会の第6回会議において懲戒権規定の削除に関するヒアリングが行われ、参考人からは体罰や暴言が子供に与える影響として、脳の発達、幼児期または成人後に精神疾患等を持つリスク、反社会的な行動を大人になってから持つようになるなどのリスク[68]が指摘された。これ以降の会議議事録や部会資料においては「脳」等に関する発言・記載は確認できないものの、その議論においては子に対する有害な影響としてこれらの不利益を念頭に置いているものと思われる。

　以上のように、精神的な苦痛を与える言動に関して「子の心身の健全な発達に有害な影響」という不利益の内容については、単に現在の身体、自由、財産等に対するものにとどまらず、将来の子供の脳の発達及び精神的な悪影響をも念頭に置いているものと理解できよう。

---

[65]　法制審議会民法（親子法制）部会第2回会議議事録6、10、11、30頁［棚村委員発言］参照。

[66]　法務省民事局参事官室「民法（親子法制）等の改正に関する中間試案の補足説明」（2021年2月）7頁。

[67]　他に、子への精神的侵害を禁止するものとしては平成31年4月に施行された東京都子供への虐待の防止等に関する条例が存在する。同条例は6条2項において「保護者は、体罰その他の子供の品位を傷つける罰を与えてはならない」と規定し、「子供の品位を傷つける罰」を、体罰を包含する「保護者が、しつけに際し、子供に対して行う、肉体的苦痛又は精神的苦痛を与える行為（当該子供が苦痛を感じていない場合を含む。）であって、子供の利益に反するもの」と定義する（東京都福祉保健局「東京都子供への虐待の防止等に関する条例　概要」5頁参照）。そして、「子供の利益に反する」行為については民法に規定される「子の利益のため」の監護・教育に必要な範囲の外側にあるとされる。この規定は、体罰や暴言が虐待にあたらないものであっても、エスカレートして虐待につながる可能性があることを危惧し、また、体罰や暴言が医学的に子供の脳の発達に深刻な影響を及ぼすことがあるとされることから、保護者による体罰等を禁止するものであるとされている（東京都福祉保健局「東京都子供への虐待の防止等に関する条例　概要」5頁参照）。

[68]　法制審議会民法（親子法制）部会第6回会議議事録4頁以下［立花参考人発言］、11頁［磯谷委員発言］。立花参考人提供資料「懲戒権に関する規定の見直しについて——精神医学の立場から」、磯谷委員提供資料・日本弁護士連合会「子どもがすこやかに育つ、虐待のない社会を実現するために～なぜ体罰禁止が必要なのか～」も参照。

2　精神的侵害を与えうる行為ついてのドイツの議論

　ドイツにおいては民法1631条2項で「体罰、精神的侵害、その他の屈辱的な措置」が禁止されている。このうち、体罰は罰を目的とするもののみを把握し、精神的侵害は子に生じた結果を考慮するものである（子が繊細でなかったがために傷つかなかった場合が把握されない）のに対し、「その他の屈辱的な措置」はこれらの受け皿的構成要件として機能する。例えば、消極的な予防的措置がその均衡を失して許される限度を超える場合や、客観的には子の精神を侵害するものであるが、実際には侵害しなかった場合などには屈辱的な措置として把握されることとなる[69]。そして、屈辱的ということは、その措置の種類（裸にひん剥く、鎖に繋ぐ）、程度・持続性、付帯状況（暗がりへの監禁、視線ないし言葉での接触の長期的拒否及びそれに類するもの）によって基礎付けられる[70]と考えられている。これは、措置の持つ性質そのもの、つまり、当該措置が子供に与える影響に着目しているものであるといえる。なお、同条においては子の将来に与える影響については念頭に置かれていなかった。

　体罰が屈辱的な措置にあたる場合に禁止されるとする Beulke の見解自体は、第3章においても確認したように現在のドイツ民法1631条の解釈によると完全に否定される[71]ものではあるが、親の措置が「屈辱的」な性質を有しているか否かの判断基準を示している点で参考になると思われる。Beulke は、「屈辱的」に該当するか否かの判断においては、親の懲戒措置が主観的に教育意思によって占められ、客観的にも教育目的が実現されるものであり、その態様と程度が、子の身体的状況及び精神的発展を考慮に入れた上で、子の非行及び年齢にとって適切な行為である場合には屈辱的な措置に該当しないと考えている[72]。これは措置の性質の判断のみならず実質的に相当性の判断までするものであるが、判断要素のうちの態様と程度及び子の身体的状況と精神的発展は、当該措置の性質及びその措置が子に与える影響（措置による侵害の程度）の判断に関するものであり、子の非行と年齢は措置の適

---

69) Münchener Kommentar BGB, § 1631 Rn. 23 [Huber] Vgl., BT-Drucks. 14/1247, S. 8.
70) Grüneberg Kommentar BGB, 83. Aufl., 2024, § 1631, Anm.7 [Götz].
71) Vgl, Münchener Kommentar BGB, § 1631 Rn.17 [Huber].
72) Beulke, 2003, S. 30.

126 第4章 体罰・懲戒等の措置とその可罰性

切性（相当性）判断に関するものであるといえる。

3 侵害される利益に関する分析

（1）侵害される利益の内容

上述のように、子供の脳の発達及び精神に対する悪影響の危険は、まさに親権の行使にあたって親の措置により侵害されうる子の利益に関して、民法821条において懸念されるものである。そして、これら危惧されるもののうち、脳への影響は、前頭葉の縮小[73]（及び脳の異常に関係する精神的障害）など実質的にも重大なものである。また、精神疾患のリスクをもたらすということは、精神面での健康状態を危殆化するということであり、これは身体法益等の人の中核的利益に対する危殆化に他ならない。よって、これらは子の生命、身体、自由及び財産といった法益と同様に、侵害される利益として考慮されるべきものであるといえる。

なお、将来の虐待に発展する危険も侵害利益として考慮することが考えられる[74]が、それを考慮するということは実質的には将来の虐待という当該措置とは異なる別の機会における親の措置による侵害を考慮するものであり、優越的利益の判断に際して侵害される利益として考慮することは適切ではない。

したがって、侵害利益として考慮されるべき子の利益は、生命、身体、自由及び財産などといった法益に加えて、人格権としての、子供の脳の発達及び精神が悪影響[75]から保護される利益とすべきである。

（2）利益侵害の程度に関する考慮要素

次に、当該措置が子にどのような影響を与えるものであるか（子供の利益をどれほど侵害する性質のものであるか）に関して、我が国の民法821条において挙げられる考慮要素を土台とし、上述のドイツでの議論も踏まえつつ検討・評価する。

---

73) 友田明美「体罰や言葉での虐待が脳の発達に与える影響」心理学ワールド80号（日本心理学会、2018年）13頁以下。

74) 前掲注67) 参照。

75) 脳の萎縮などの異常や、脳の異常に関係する精神的障害等についても、脳が物理的、化学的に侵害されているものとして理解すれば「身体」法益の侵害として捉えられることになるが、外傷等の外見等から一見して判別できるものと区別するために分けて記述することにした。

まず、民法821条の体罰等の該当性判断については、「当該行為の態様のほか、子の年齢、健康、心身の発達状況、当該行為が行われた場所的・時間的環境等」[76]が考慮要素として挙げられる。

　親の措置がどのようなものであるかを考えるにあたっては、親の行為そのものを検討しなければ判断できないのであるから、まず親の措置の態様、程度、持続性など、行為の性質そのものに着目すべきである。そのため、「当該行為の態様」が要素として挙げられるのは適切である。

　次に、行為自体は同一であっても、それが対象に与える影響は周辺の状況や、対象となる者の年齢や心身の状況によって左右されるものである。「場所的・時間的環境」については、日中の明るい大学構内で背後から肩を叩くのと、夜間の誰もいない墓地で背後から肩を叩くのでは行為が同じでも対象に与える恐怖心は異なるだろう。同様に、「子の年齢、健康、心身の発達状況」についても、心身ともに健康な18歳の子が夜間に入浴中に浴室の電気を消すのと、怖がりな5歳の子が夜間に入浴中に浴室の電気を消すのとでも、対象に与える恐怖心は異なるだろう。特に、脳の発達という観点でいえば、虐待経験が幼い時期である方が脳容積の変異に対する影響が大きいことが明らかになっている[77]。

　なお、要綱案の補足説明等では考慮要素として挙げられていないが、親の不適切な措置の頻度、つまり、それが常態化していたのか、一回きりのものであるかを考慮要素とすべきか否かについては検討を要する。体罰等の親の不適切な措置が常態化している環境、つまり、児童虐待やそれに準ずるような逆境的養育環境で育つ場合、子は深刻なアタッチメント不全状態で育つことになり、子の心の成長・パーソナリティの形成に重大な影響を受けることになるところ、複雑性PTSD等へと繋がる[78]。その点で、不適切な措置が常態化している場合の方が、子の利益の侵害の程度が大きい[79]といえる[80]。

---

76)　佐藤編著・前掲注28）136頁。

77)　藤澤隆史、島田浩二、滝口慎一郎、友田明美「児童期逆境体験（ACE）が脳発達に及ぼす影響と養育者支援への展望」精神神経学雑誌122巻2号（2020年）137頁。

78)　齊藤万比古「児童・思春期精神障害を理解するための3つの視点──アタッチメント、虐待、そして発達障害──」精神神経学雑誌122巻5号（2020年）350頁参照。友田・前掲注22）50頁以下も。

しかし、親の不適切な措置が常態化していることを理由に重く処罰するのであれば、それは起訴されていない行為や不適切ではあるが構成要件には該当しない行為をも根拠として重く処罰することになり、許されるべきではない。そのため、通常であれば当該措置が与える侵害は大きくない（仮に1とする）が、不適切な養育が常態化しているという具体的状況下において、その前提状況故に当該措置の与える侵害が大きくなった（仮に3とする）と認められる場合に、その増大した侵害の大きさ（仮に3とする）を違法性判断に用いることのみが許され、常態化していたことそのものをもって侵害が大きかったと評価することは許されるべきではない。

（3）侵害される利益についての小括

まず、侵害利益として考慮されるべき子の利益としては、生命、身体、自由及び財産などの構成要件との関係で問題となる法益に加えて、子供の脳の発達及び健全な精神の発達といった利益が挙げられる。

そして、当該措置が子にどのような影響を与えるものであるか（子供の利益をどれほど侵害する性質のものであるか）の判断にあたっては、「当該行為の態様のほか、子の年齢、健康、心身の発達状況、当該行為が行われた場所的・時間的環境等」を考慮要素とすることは適切である。これは、措置の態様、程度（及び持続性）、付帯状況（子の身体的状況や精神的発展、年齢等を含む）を考慮要素として挙げるドイツにおける議論とも親和的であるといえる。

また、考慮要素の持つ重みについては、子の年齢・発達の程度が、脳の発達への影響という観点から、侵害の大きさとの関係で大きな意義を持つことがわかった。

第3項　監護・教育による利益と義務

1　監護・教育により保護される利益

「監護」を消極的に子を不利益から守ることによって現状の維持あるいは

79）友田明美「厳格な体罰や暴言などが子どもの脳の発達に与える影響」報告書　シンポジウム　子どもに対する体罰等の禁止に向けて（セーブ・ザ・チルドレン・ジャパン、2017年）4頁。

80）ただし、ここで問題としているのは子に対する侵害の大きさそのものであり、行為の属性あるいは行為者の属性に関する常習窃盗罪（186条）や常習暴行罪（暴力行為等処罰法1条の3）における「常習性」の議論とは異なる。

第 7 節　監護・教育の範囲に関して　　129

現状の延長線上にある成長を目指すものとする本稿の立場からすると、親による監護措置によって保護される子の利益とは、現存する子の生命・身体・身体的及び精神的健康ということになる。一方で「教育」を、子を将来（爾後）において身体的・精神的に向上させる目的で、積極的に子の利益を増進するよう試みるものとする本稿の立場からすると、教育措置によって保護される利益は将来における（現存しない）子の身体的・精神的発展ということになる。教育が「個人が人格を形成し、社会において生きるための不可欠な前提をなし、人間が人間らしく生きていくために必要なもの」であり、憲法25条の生存権の保障につながるものである[81]ことからすると、ここでの子の身体的・精神的発展は、子の人格的自律を有する人間としての生存の前提となる重要なものであるといえる。

2　監護・教育義務の要請の程度

では、これらの利益はどの程度追求されるものなのか。第1章において確認したように、親権は権利としてよりもまず義務として捉えられるべきものである。そこで、以下では親権の義務としての側面に着目して検討することとする。

まず、監護義務について検討する。監護義務に反した場合、それによって子の生命・身体が害されたとすれば、親には保護責任者不保護罪や故意の不真正不作為犯、あるいは過失犯が成立しうる[82]など、刑事制裁の対象とされることもありうる。不真正不作為犯の保障人的地位に関してではあるが、山口厚は「子は自らの法益が侵害される危険に対して十分に対処できず、その意味で脆弱性を抱えており、そして、親は子の養育を引き受け、子の安全等は親に依存している関係にある」[83]ということに、親が子の法益を守るべき根拠があるとしている。そのため、親にどの程度の措置が求められるかについては、子が自力で侵害に対処しうるかどうか、つまり、子が直面することになる侵害及び問題となる法益の種類、子供の年齢、具体的な状況などが考

81）木下智史・只野雅人編『新・コンメンタール憲法［第2版］』（日本評論社、2019年）322頁。

82）監護義務から不作為犯における保障人的地位を認めることができるとするものにつき山口・総論91頁、井田・総論157頁等。

83）山口・総論91頁。

慮されることになる[84]。

次に、教育義務について検討する。親の教育義務違反については、包括的な監督義務（身上監護・教育義務）に違反した場合に民法714条1項あるいは709条の不法行為責任を問われる可能性が一定程度存在するにとどまり、教育義務は、場合によっては刑事制裁が予定される監護義務ほど強く要請されているとはいえないだろう。

この教育義務は子の年齢が上がり、成熟度が増加し、子が親から独立していくにつれてその内容・程度が逓減していくものであるといえる[85]ため、教育措置がどれほど親に求められるかについての判断に際しては、子の年齢が考慮されるべきである。また、子の利益を侵害する態様による親の教育措置は、子の逸脱に対応する措置としてなされることが通常であるところ、どの程度の教育措置が求められるかについては子供の年齢に加え、子の逸脱の種類、程度、子の逸脱の傾向[86]（日常的か、偶発的なもの か）等が考慮されることになる。

第4項　監護及び教育に必要な範囲の判断

以上のように、監護・教育に必要な範囲か否かの判断に際しては、親の措置により侵害される利益（生命、身体、自由、財産並びに子供の脳の発達及び精神が悪影響から保護される利益）の要保護性と、親の措置によって保護される利益

---

84) 保障人的地位に関する記述であるが、山口・総論91頁参照。

85) 監督義務者の監督義務に関する記述ではあるが、潮見佳男『不法行為法Ⅰ〔第2版〕』432頁、小野義美「親の監護教育義務と未成年の子の加害行為」『現代家族法の諸問題』（弘文堂、1990年）330頁。

86) 実務上、親は子の逸脱傾向に対応する措置を執る義務があると判断されている。子が第三者に加害したケースに関する下級審判決で、子の逸脱傾向を親の身上監護・教育義務違反の判断に際して考慮していると理解できるものとして、大津地判平成31年2月19日・2019WLJPCA02196001（子が行ったいじめにより同じ学校の生徒が自殺した事案）、熊本地判平成30年5月30日・2018WLJPCA05306011、（子が同じ学校の他の生徒に暴行を加えて傷害を負わせた事案）、さいたま地判平成29年4月26日・2017WLJPCA04266009（子が同じ学校の生徒に強制して2階から飛び降りさせ重症を負わせた事案。最高裁に至るまで一審の判断が維持されている）、子の逸脱の種類・程度及び逸脱傾向を考慮していると理解できるものとして、東京高判平成31年3月14日・2019WLJPCA03146005（子の暴力により教師が負傷した事案）など。子に責任能力があるため、民法714条により責任無能力者の監督義務者等が責任を追う場合に該当しなくても、民法709条による不法行為責任が親に認められうる。

（監護に際しては現存する子の生命・身体・身体的及び精神的健康、教育に際しては子の将来における（現存しない）身体的・精神的発展）の要保護性を、客観的な事情を考慮に入れて比較することになる。

　客観的な事情としては、侵害利益に関しては、なされた措置がどれほど子の利益を侵害する性質のものかについて、「当該行為の態様のほか、子の年齢、健康、心身の発達状況、当該行為が行われた場所的・時間的環境等」が考慮要素となり、保全利益に関しては、どの程度当該措置が求められるかについて、監護措置に際しては子が直面することになる侵害及び問題となる法益の種類、子供の年齢、具体的な状況が、教育措置に際しては子の年齢、子の逸脱の種類、程度、子の逸脱の傾向（日常的か、偶発的なものか）が考慮要素となる。

　これらを総合して個別具体的[87]に判断し、親の措置により保全される利益に優越性が認められるとき、その措置は監護及び教育に必要な範囲内のものとして、刑法35条による違法阻却がなされることになるのである。

第8節　責任に関する若干の検討

　親の措置が監護・教育に必要な範囲内に入らず、その他の違法阻却も認められず、かつ可罰的違法性も否定されない場合には、責任減少の可能性がありうるにとどまる。考えられるのは、第一には親が精神的に疲労していたケースである。例えば、児童虐待の議論に大きな影響を与えている野田小4虐待死事件[88]においては、地裁判決ではあるが、傷害幇助に問われた母親である被告人が、夫である正犯者からDVを受けていたことを、責任を減少させる要素として量刑判断の中で考慮している。このように親が精神的に疲労している事例においては、刑罰をもって親をより追い詰めるよりも、福祉による支援をする方が刑事政策的には適切であると思われる[89]。

---

87) 深町晋也『家族と刑法　家庭は犯罪の温床か？』（有斐閣、2021年）198頁も、「手段の過剰性や法益侵害結果の重大性などを広範に考慮した上で個別具体的に判断せざるを得ないことになろう」としている。
88) 千葉地判令和元年6月26日・2019WLJPCA06266005。
89) 野田小4虐待死事件においても、被告人である母親は双極性感情障害に罹患していたことな

132　第4章　体罰・懲戒等の措置とその可罰性

　次に考えられるケースとしては、例えば、前述のケース8のビンタが、教育目的ではなくもっぱら我が子の生命の危機に瀕して昂ぶった感情の発露としてなされた一種の激情犯の場合である。この場合については、適法行為の期待可能性に関する考慮が量刑判断においてなされる程度であろう[90]。

　もっとも、量刑上の考慮は親の措置に犯罪が成立することを前提にするものであり、親の措置が可罰的である範囲を明らかにすることを目的とする本稿の関心からは外れるものであるため、本稿ではその詳細な検討には立ち入らないこととする。

第9節　小　括

　本章では、親の措置の限界を明らかにすることを試みた。まず、親の措置はその目的によって監護目的での措置（ケース1、2、7、9、11、13～16）、教育目的での措置（ケース3、4、5、6、8、10、12）、どちらにも該当しない措置に分けられることとなる。そして、教育目的での措置は、罰を目的とする措置（ケース5、6、8、10、12）、罰を目的としない措置（ケース3、4）に分けられることとなる。そして、罰を目的とする措置のうち、身体に向けられたものが「体罰」に該当する（ケース6、8、10、12）。監護・教育目的でなされた措置が軽微である場合には、可罰的違法性の欠如から構成要件該当性が否定されうる。そして、体罰に該当する場合には当該措置は民法821条により禁止され、監護・教育に必要な範囲外のものとされるため、体罰に該当しない行為のうち、監護・教育に必要な範囲内といえるものについてのみ、民法820条の親権を根拠に刑法35条により違法阻却されることとなる。

　したがって、従来親の懲戒権の行使とされた行為のうち、許される行為は可罰的違法性が否定される軽微な行為か、身体への加害を目的としない罰を与える行為のうち、教育に必要な範囲内と認められる行為に限られることに

――――――――――
　　ども併せてであるが、保護観察付き執行猶予判決が出されている。
90)　子供の飛び出しを防止する場合の体罰について、親がそのような体罰に出たことが社会的に
　　理解できる場合には答責性が否定されうるとする見解として、Christian Jäger, Vom Umgang
　　des Strafrechts mit dem zivilrechtlich verankerten Züchtigungsverbot, FS Spellenberg, 2010,
　　S. 693 ff. がある。

なるだろう。

　もっとも、監護・教育に必要な範囲に関する本稿の議論は、親の措置が許される範囲の画定を結局は具体的な事例における判断に委ねるものであり、不明確性を残すものであることは否めない。また、議論の内容に関しても、考慮要素の重みについて検討できたのは「子の年齢」等にとどまるなど、理論的根拠・検討が不十分である箇所が存在することも否めないだろう。

　次章では、以上の議論を前提に、具体的な事例における判断について近時の事例をもとに検討し、親の子に対する措置の限界についての本稿の立場を示す。

第5章

子に対する軽微な有形力行使に関する
近時の裁判例の傾向

第1節　本章の目的

　第1章で確認したように、令和4年の民法改正においては親権の行使として禁止される範囲に変更があるとは考えられておらず、児童虐待等の防止に向けたメッセージを国民に発することをその意義としていた。この立法者の発するメッセージ性は、裁判所にどのように受け止められているのか。

　本章では、子に対する体罰・暴力の禁止が強く求められる風潮の中で、裁判所がどのように臨んでいるのか、その傾向を子に対する軽微な有形力行使が問題となった近時の裁判例の比較・検討を通じて確認及び明確化し、今後の同種事案における一定の指針あるいは今後の検討の基礎等を提供することを目的とする。

　そこで、本章では、まず、暴行罪の構成要件該当性と違法阻却事由を確認し（第2節）、裁判例における構成要件該当性の判断（第3節）及び裁判例における違法性の判断（第4節）について確認する。それぞれの裁判例の検討・分析を通して近時の裁判例の傾向を明らかにすることで、本章の目的の達成を目指す。

第2節　暴行罪の構成要件該当性と違法阻却事由

第1款　暴行罪の構成要件該当性
第1項　暴行罪における暴行の意義
　暴行罪にいう「暴行」とは、人の身体に対する有形力ないし物理力の行使である[1]とされている。判例上、人の身体に接触することは必要とされておらず[2]、また、少なくとも身体的接触がある場合には、その行為が人の身体

に傷害をもたらす危険性があることも必要とされていない[3) 4)]。

　もっとも、人の身体に接触するあらゆる有形力の行使に暴行罪が成立するわけではなく、軽微な有形力の行使については暴行罪の成立が否定される。

第2項　軽微な有形力行使についての学説

　学説では、軽微な有形力の行使については、可罰的違法性[5)]が欠けるとして、構成要件該当性を否定する見解が主張される。例えば、藤木英雄は、暴行罪にいう暴行に該当するためには、社会共同生活観念上、不法性が肯定される必要があり、殴る蹴るといった典型的な暴行ではない類型の物理力の行使では、被害者に与えた苦痛の程度、行為の目的等の諸般の情況を考慮し、社会生活上容認される限度を超えた場合に不法性が認められ、構成要件に該当するが、不法性が否定される場合には、可罰的違法性が欠け、構成要件該当性が否定されるとする[6)]。また、橋爪隆は、「物理力の行使それ自体に身体的利益を損なう意義が認められない行為」は、軽微な物理力の行使として、可罰的違法性の欠如を理由に暴行罪の構成要件該当性を否定することが可能であるとする[7)]。このように、学説上は軽微な有形力の行使については、可罰的違法性が欠けるとして、構成要件該当性を否定する見解が主張されている[8) 9)]。

---

1)　平野龍一『刑法概説』（東京大学出版会、1977年）166頁は、暴行とは身体に対する物理力の行使であるとした上で、有形力の行使といってもよいが、有形力の行使では音響などによる場合を除外するようにとられるおそれがあるため、物理力とする方がより正確であるとする。
2)　最決昭和39年1月28日・刑集18巻1号31頁。
3)　大判昭和8年4月15日・刑集12巻427頁、福岡高判昭和46年10月11日・刑月3巻10号1311頁。
4)　京藤哲久「暴行の概念」芝原邦爾編『刑法の基本判例』（有斐閣、1988年）97頁は、判例は接触すれば傷害が生じうる危険な行為については身体に接触しなくても暴行罪の成立を認め、接触しても傷害の危険が生じない行為については接触した場合に暴行罪が成立を認めていると整理する。橋爪隆「暴行罪・傷害罪をめぐる問題」警察学論集72巻11号（2019年）208頁も参照。
5)　親権の行使と可罰的違法性については第4章第6節。
6)　藤木英雄『刑法講義　各論』（弘文堂、1976年）196頁以下。
7)　橋爪・前掲注4）209頁以下。
8)　軽微な有形力の行使の場合に構成要件該当性を否定する見解として、内田文昭『刑法各論〔第3版〕』（青林書院、1996年）38頁、山中敬一『刑法各論〔第3版〕』（成文堂、2015年）38頁以下等。一方、芥川正洋「子どもに対する有形力の行使と暴行罪の限界」法律時報95巻9号（2023年）86頁は、実務は物理的作用が非常に軽微である場合でも暴行罪の成立を肯定しており、物理的作用の大小を問題とするのではなく、有形力の行使がコミュニケーションとして行

第2款　正当行為としての有形力の行使

　親の子に対する措置は、監護教育目的であり、かつ、その措置が監護教育に必要な範囲内にあれば、民法820条の親権の行使として刑法35条により違法性が阻却される（第1章、第3章、第4章参照）。

　また、教師の生徒等に対する教育上の措置については、その行為が教育目的かつ、教育的指導の範囲内にあれば、学校教育法11条の懲戒権の行使として違法性が阻却される（第2章参照）。

　教師の他に業務上子に接する者としては、例えば保育士がある。保育士は法律上「専門的知識及び技術をもって、児童の保育……を行うことを業とする者」（児童福祉法18条の4）とされており、保育士の幼児に対する措置の違法性を阻却する構成として正当業務行為（刑法35条）が考えられるほか、教師の懲戒権の場合と同様に、保育委託契約に伴い親権者から委託された親権（民法820条）を行使するという構成が考えられる。前者の構成の場合には、業務に必要な範囲内[10]である場合に、後者の構成による場合には、監護教育目的かつ、その行為が監護教育に必要な範囲内である場合に保育士の措置の違法性が阻却されることになる。

第3款　考慮要素の判断位置についての裁判例の傾向──構成要件か違法性か

第1項　有形力の行使に関する裁判例の傾向

　軽微な有形力の行使における暴行罪の成否が問題となった事案では、行為の目的、行為態様、行為当時の状況、被害者に与えた苦痛の有無・程度等を総合して暴行罪の構成要件該当性を判断していると理解できる裁判例と、主

われていると認められるなど「攻撃」と評価できない場合に暴行罪の成立が否定されていると指摘する。

9）軽微な場合には不法性が欠けるが、それは構成要件該当性ではなく違法阻却の問題（特に社会的相当行為）であるとする見解（大塚仁ほか編『大コンメンタール刑法〔第3版〕第10巻』（青林書院、2021年）541頁［渡辺咲子］）も存在する。

10）保育士の不適切な保育に関しては、児童福祉施設の設備及び運営に関する基準（昭和23年厚生省令第63号）第9条の2において、「児童福祉施設の職員は、入所中の児童に対し、法第33条の10各号に掲げる行為その他当該児童の心身に有害な影響を与える行為をしてはならない」と規定されている。

観面を考慮せずに客観的な事情（もっぱら行為態様）のみから構成要件該当性を判断していると理解できる裁判例とが存在する。前者に属する裁判例としては、東京地判昭和37年2月26日・判時296号27頁[11]、岡山地判昭和43年12月11日・判タ237号313頁[12]、東京高判昭和45年1月27日・判タ248号216頁[13]、福岡地判昭和45年11月18日・LLI/DB L02550953[14]、東京高判平成21年12月21日・LEX/DB 25470068[15]、高松高判平成26年2月12日・LLI/DB L06920044[16]、横浜地裁川崎支判令和2年5月22日・LLI/DB L07550440[17]、福岡高判令和3年1月21日・判タ1486号40頁[18]等（以下、「Aグループ」という）があり、後者に属する裁判例としては、前掲東京高判昭和56年4月1日、東京地判平成21年9月14日・LLI/DB L06430385[19]、広島地判平成24年3月5

11）浴衣の袖を引っ張った行為につき、「その動機、態様、方法、程度等諸般の観点より考察」して、当該行為が「社会生活上相当なる行為に属」するとして暴行罪にいう暴行に該当しないとし、過失致死罪の成立を認めた事例。

12）被害者の暴力をたしなめ静止するために不意に被害者の肩付近を手で軽く押す行為につき、「その動機、意図、方法、程度等諸般の事情」から考慮して、「通常の社会生活関係において正当な行為として認容される域に止る程度のものと認められ、いまだ刑法208条にいう不法な有形力の行使としての暴行には該当」しないとして、暴行該当性及び暴行の故意を否定した上で過失致死罪の成立を認めた事例。

13）ふざけ合って仲間の足を殴るつもりで誤って他人の膝を打った行為につき、行為の目的、態様、被害の程度を考慮して「被告人の所為は、暴行としての違法性を欠くものである」とした事例。暴行罪として備えるべき違法性の程度に達していなかったものと考えれば、本件は暴行としての構成要件該当性を否定したものと理解できよう。

14）塩を投げつける行為につき、「被害の程度および目的・手段・方法等の諸点よりしてその実質的違法性が微弱であるとは認め難」いとし、暴行罪の構成要件該当性を肯定した事例。なお、控訴審（福岡高判昭和46年10月11日・判タ275号285頁）においても、主観面等を考慮して暴行罪の構成要件該当性を認めている。

15）腰部及び左肩付近を軽く叩いた行為につき、目的、態様、被害の程度を考慮し、「社会生活上容認されないものとまではいえない」とし、暴行罪の構成要件該当性を否定した事例。

16）スナックで被害者の右顔面に左拳を押しつける行為について、行為者の目的、態様、被害の程度を考慮して暴行罪の構成要件該当性を認めた上で、被告人の行為には正当行為や緊急避難といった違法阻却事由も存在しないとした事例。

17）生後1ヶ月に満たない実子に対して39秒間うつぶせの体勢をとらせる行為及び胸部を数回叩きつける行為につき、目的、態様、被害の程度を考慮した上で暴行罪の構成要件該当性を肯定した事例。

18）スーパーのサッカー台に靴を履いたまま上がっていた被告人と何の関係もない被害者（3歳）に対し、発語障害により言葉を発することができない被告人が注意のために平手で叩く行為について、行為の目的、手段の相当性、法益侵害の程度を考慮した上で、暴行罪の構成要件該当性を肯定し、同罪の成立を認めた事例。

19）右腕や右拳で頸部付近を圧迫する等の行為につき、客観的事情（もっぱら行為態様）のみから暴行罪の構成要件該当性を肯定した上で、違法阻却事由を検討し、一部の行為は暴行罪の成

日・LLI/DB L06750095[20]、仙台地判令和2年12月16日・公刊物未登載[21]等（以下、「Bグループ」という）が存在する。

Aグループに属する裁判例は、高松高裁平成26年判決を除き、構成要件該当性が問題となり、違法阻却事由については問題とならなかった事例群である。同判決は行為の目的、行為態様、行為当時の状況等を総合的に考慮した上で構成要件該当性を認め、その後に違法阻却事由の存否についても触れているが、これは原審（徳島地判平成25年2月8日・LLI/DB L06850045）が行為態様のみから暴行罪の構成要件該当性を認めた[22]のに対し、弁護人側が控訴趣意書において暴行罪の構成要件該当性の判断に際して行為の意図・目的を検討しなかった点が誤りであったと主張しており、裁判所がその主張に対応するように検討したものである。そうすると、この高松高判平成26年2月12日は、裁判所が進んで行為の目的等の諸般の事情の考慮を違法阻却段階ではなく構成要件段階での判断において行ったものではなく、Aグループの中では例外的なものであると位置付けることができる。

一方、Bグループに属する裁判例はいずれも、行為の目的や被害者に与えた苦痛の程度（結果の重大性）について構成要件該当性段階ではなく、それぞれの裁判において主張された違法阻却事由の判断に際し考慮している。

したがって、以上の裁判例は概ね、Bグループが構成要件該当性に加えて違法阻却事由についても争われた事例群である一方、Aグループは、構成要件該当性が主に争われた（違法阻却事由についての判断がされていない）事例群であると整理できる。

立を認め、一部の行為は緊急避難の成立を認め無罪とし、一部の行為については意図、態様、程度等を考慮の上で社会的相当行為として違法性が阻却され無罪となるとした事例。

20) 自己の母の身を守るために被害者の胸あたりの着衣を右手でつかみ、3回ほど引っ張った行為につき、その行為態様から暴行罪の構成要件該当性を肯定した上で、正当防衛の成立を認め無罪とした事例。

21) 父親がしつけ目的で4歳の息子の頬をつまんだ行為につき、行為態様のみから構成要件該当性を肯定した上で、行為の目的、手段の相当性、法益侵害の程度を考慮し、懲戒権の行使としての正当行為には該当しないとして違法阻却を否定した事例。

22) 原審の判決文によると、原審において被告人は被害者の顔に手が触れたこと自体を否認しており、行為の目的等の構成要件該当性判断に関する諸事情も違法阻却事由の存否もともに問題とされていなかった。

140　第5章　子に対する軽微な有形力行使に関する近時の裁判例の傾向

第2項　裁判例の傾向についての若干の検討

　もっとも、Bグループに属する事案においても構成要件該当性の段階において行為の目的等の諸事情を考慮することは否定されるべきではない。行為の目的等の要素を構成要件該当性の段階で可罰的違法性の問題として考慮するにあたっては、当該要素がいかに当該有形力の行使の結果無価値ないし行為無価値が軽微であることを示すかという点が問題になるのに対し、違法阻却段階での考慮にあたっては、当該要素が主張される各違法阻却事由との関係でどのような意味を持つのかという点が問題となる。つまり、可罰的違法性との関係では、当該要素は当該有形力の行使のマイナスが少ないことを示せば足りるのに対し、違法阻却事由との関係では、当該要素は違法性を阻却するようなプラスのものであることまで要求されるのである。例えば、「ふざけあって仲間の足を殴る目的（東京高裁昭和45年判決参照）」は、他者を加害する目的である場合に比して当該行為を否認する必要性が小さいとして、構成要件該当性を否定する要素として考慮する余地がありうるとしても、刑法35条、36条、37条等の違法阻却事由との関係において考慮する余地はない。一方、親権者の「子を教育する目的」は、親権（民法820条）の行使として、正当行為（刑法35条）による違法阻却との関係において意味を持ちうる。このように、構成要件該当性との関係でのみ意味を持つ考慮要素や、もっぱら違法阻却事由との関係で意味を持つ考慮要素が存在するため、それぞれの要素を事案との関係において適切な段階で検討する必要がある。

　そして、この理解は上述した裁判例の傾向に反するものではない。まず、この理解に反する裁判例としては、東京地裁平成21年判決があげられる。同判決は、暴行罪における不法性の問題を構成要件該当性の問題とすることは「構成要件の犯罪識別機能をし緩させる」ため問題があるとした上で、「暴行罪における暴行とは人の身体に対する有形力の行使であると客観的に理解し、そのうち社会生活上許容されるものは、社会的相当行為等として違法性が阻却されると解するのが、相当である」として、不法性の問題を構成要件該当性の段階ではなく違法性の段階において検討すべき旨を示している[23]。

　23）なお、本判決は社会的相当性等の違法阻却段階において、「その行為がなされた状況、行為の

第3節　裁判例における構成要件該当性の判断について　　141

しかし、この判決以降に出された複数の高裁判決（東京高裁平成21年判決、高松高裁平成26年判決、福岡高裁令和３年判決）は暴行罪の構成要件該当性を判断する段階において主観的な事情も含めて総合的に考慮しており、本稿の理解に反する東京地裁平成21年判決の立場が他の裁判例において踏襲されているとはいえない。

　また、高松高裁平成26年判決が構成要件該当性に加えて違法阻却事由の有無についても問題となった事例にも関わらず、弁護人側からの主張に応じる形で主観的な事情を含む諸般の事情を構成要件該当性の段階で検討していることから、違法阻却事由についても争われている事例において、諸般の事情を構成要件該当性の段階で考慮することに裁判所が否定的な態度を示しているわけでもないといえる。

　以上のように、親権の行使の場面における有形力の行使が問題となる事案においても、必要があれば構成要件該当性の段階で行為の目的等の諸般の事情を考慮することは排除されないといえよう。

第3節　裁判例における構成要件該当性の判断について

第1款　幼児に対する有形力行使が問題となったＡグループに属する近時の裁判例

第1項　赤の他人が注意のために有形力を行使した事案：福岡高裁令和３年判決

　この裁判例は、令和元年９月に、当時３歳の男児がスーパーのサッカー台に靴を履いたまま上がっていたところ、当該男児とは何の関係もない被告人（女性）が、注意のために当該男児の腰付近を平手で叩いた行為につき、暴行罪の成否（構成要件該当性）が問われた事例である。なお、被告人は、発語障害のために言葉を発することができないという事情があった。この事案では行為者と被害者との間に親子関係等は存在しないが、子に対する暴力が問題視される社会情勢の中で生じた、子に対する軽微な有形力の行使について判

目的、相手方に与えた苦痛の有無・程度等諸般の事情を総合的に考慮」すべきであるとする。

断された事例であるという点で参考となる。以下ではこの判決の考慮要素について簡潔に確認する。

この判決の概要は次のとおりである。軽微な有形力行使における暴行罪の構成要件該当性の判断に際し、目的の正当性、手段の相当性、法益侵害の程度を考慮要素とし、目的の正当性については「注意する目的で行った」として認め、法益侵害の程度についても「軽微な行為であり、被害者に格別苦痛を与えるものではなかった」と軽微であることを認めつつも、手段の相当性を否定することによって当該行為が暴行罪の構成要件に該当するとした。そして、量刑において、当該暴行が相当に軽微であり、いきさつに酌むべき点があるとして科料5000円とした。

手段の相当性を否定する主要な要素として考慮されていると理解できるものは、（ⅰ）被害者の年齢及び被告人と被害者の関係性、（ⅱ）「他にも相当かつ現実的な手段はとり得た」こと（より侵害的でない代替手段の存在）、そして、（ⅲ）当該行為が「一定の衝撃を与えるものであった」ことの3点である。

まず、（ⅰ）について、本判決では、被害者の年齢及び両者の関係性がないことを指摘して、当該行為がコミュニケーション手段に類似するものであるとの被告人の主張を排斥している。ここでは、これらの要素を、行使された有形力の行使の意味、ひいては不法性に関するものとして捉えていると理解できる。

次に、（ⅱ）について、本判決では、より侵害的でない代替手段の存在を、相当性を否定する根拠の一つとしているが、これは、被害者と関係性のない被告人には、被害者に対する指導・教育についての裁量がないことを前提としていると理解できる。つまり、被告人は被害者との間に何の関係性も持たず、被告人は被害者を指導・教育する法的な権限・義務を有さない以上、被告人は被害者に注意を行うに際してあえて侵害的な手段を選択しうる裁量は有していない[24]。したがって、少なくとも被告人がより侵害的でない

24）なお、大庭沙織「判批」法学セミナー801号（2021年）124頁は、親が子の問題行動を注意しない場合については、教育的利益の存在を根拠に懲戒権を有さない第三者による注意行為も法的に許容される余地が認められるべきであると主張する（池田直人「児童に対する身体的暴力

第3節　裁判例における構成要件該当性の判断について　　143

手段をとりうる場合には、あえて侵害的な手段に出る必要性はもはや存在せ
ず、相当性が否定される方向に作用するのである。

　また、（ⅲ）については、「被告人の上肢に機能障害があることや、3歳の
被害者が泣いたりせず、その場を動くこともなかったことに照らすと、それ
ほど強い力が加わったとは認められない」、「被害者に痛みを感じさせるよう
なものでなかった」など、行為態様につき手段の相当性を肯定する方向に作
用する事情を認めつつも、「被害者に痛みを感じさせるようなものでなかっ
たにしても、一定の衝撃を与えるものであった」など、「一定の衝撃を与え
る強さ」であることをもって、手段の相当性を否定する根拠となる要素の一
つとしている。つまり、ここで裁判所は、平手で叩く行為が3歳児ですら痛
みを感じず、泣きも動きもしない程度のものであったとしても、「一定の衝
撃を与える」ものでさえあれば、行為態様及び法益侵害の程度が構成要件該
当性を肯定するに足りうると判断していると理解できる。「一定の衝撃」は
相当に軽度なもので足りるとの判断であるが、どの程度で足りるとするの
か、具体的な基準は不明である[25]。

について」刑事法ジャーナル Vol. 74（2022）74頁以下も正当行為として違法阻却が認められる
べきであると主張する）。しかし、次の3つの点から、そのような行為に正当行為として違法阻
却の可能性を認めると、一般に子の利益を害することとなりかねず、これらの主張は正当であ
るとは思われない。まず、第一に、親が子に教育を施すにあたっては、長期的・総合的な視点
から教育効果を考慮して、（それが一般に望ましいか否かは別として）子が他者に迷惑行為をし
たとしても、あえてその場では叱責をしないという選択をすることも考えられる。それにもか
かわらず、偶々その場に居合わせたにすぎない者による介入を法的に認めてしまうと、場合に
よっては親による長期的な教育の効果が阻害され、子の教育的利益を害することになりかねな
い。また、第二に、単にその場に居合わせたにすぎない者は、普段から子に監護教育を行う親
権者と違い、当該子のことを何も知らないのであるから、子の利益を考慮して適切な教育を行
うことが困難であり、子の利益を害する蓋然性が存在する。そして、第三に、親の子に対する
教育は、子の親に対する信頼を前提として成立しうるものである。見知らぬ第三者による何ら
かの犯罪の構成要件に該当するほどの注意・叱責は、子に反省を促すどころか、単に恐怖心や
羞恥心・屈辱感といった精神的苦痛や子の心身の健全な発達への有害な影響を生じさせるとい
う結果になりかねない。つまり、第三者の叱責は子に対して利益を与えないばかりか、単に子
に対する侵害を発生させるという結果になりかねない。以上の点から、このような子の迷惑行
為に対する赤の他人による注意行為は、教育を理由とした正当行為としてその違法性を阻却さ
れるべきではなく、緊急避難等の他の違法阻却事由に該当する範囲で正当化されれば足りるの
である。

25）暴行罪の構成要件該当性を否定する余地があるものとして、大庭・前掲注24）124頁、池田・
　前掲注24）73頁。

第2款　幼児に対する有形力行使が問題となったBグループに属する近時の裁判例

本款で検討するのはBグループに属する幼児に対する有形力行使が問題となった近時の裁判例であり、いずれも違法阻却事由についての判断が中心的になされたものであるが、本款ではこれらの裁判例の中で構成要件該当性について判断が行われた箇所に限って概観し、分析・検討する。

第1項　保育士が監護及びしつけの目的で有形力を行使した事案：福岡地裁令和4年5月10日判決・LLI/DB L07750231、福岡高裁令和4年12月7日判決・LLI/DB L07720476

この裁判例は、保育士の幼児に対する複数の不適切な保育が罪に問われた事例であり、軽微な有形力行使について問題となった第7行為及び第8行為については暴行罪の構成要件該当性が認められた後、正当行為として違法性が阻却されないかについて検討された。ここでは、判決中の構成要件該当性について判断した箇所を扱う。

第7行為として問題となった行為は3つ存在し、一つ目は、昼の給食時に園児が集まる部屋で配膳作業をする状況の下、盛り付け作業を行う半袖姿のGの左側から被告人が現れて横並びになり、Gが手に持っていたしゃもじと茶碗を順に取り上げた後、ほぼ静止した立ち姿のGの首元付近の着衣（胸ぐら）を右手でつかんで引っ張った行為である。これによりGの身体を被告人の背中側に移動させた。

二つ目は、その後、汁物を取り分ける作業中の被告人と机を挟んだ正面に位置していたGが、容器を持って汁物の盛り付けを待つ園児の列に並んだのに対し、声掛けをした被告人が、作業を中断して反時計回りに机の反対側のGに近づき、ほぼ静止した立ち姿のGの左袖を右手でつかんで引っ張った行為である。これによりGは、自身の左側に身体を傾けて被告人と共に移動を始めて、机を回り込んで被告人の元の位置辺りに達した。

そして三つ目は、それに続いて、その位置辺りで取り分ける作業を再開していた被告人が、机を挟んだ反対側に園児の列ができている状況の下、立ち上がって自身の左側の空間を指さし、次にその列の中に含まれていた園児1

名に左手を伸ばして着衣をつかんだ後、その傍らにほぼ静止して立つGの左肩辺りの着衣を右手でつかんで引っ張り、指さした空間の辺りに引っ張られて移動してきたGの背中を更に左手で押した行為である。

第8行為は、2階保育室内で机の上の鉛筆削りを触っていた半袖姿のHのもとへ被告人が近づき、その鉛筆削りを取り上げるとともに、ほぼ静止した立ち姿であったHの着衣の左袖をつかんで引っ張った行為である。これによりHはそのまま室外に連れ出された。

第一審裁判所は、第7行為については「以上の行為は、Gの身体に手で触れた上、その意思によらない身体の移動を生じるに足る力を込めて有形力を行使するものと認められ」、暴行罪の構成要件該当性を肯定できると判示し、第8行為についても「Hに対する……行為は、身体に手で触れた上、その意思によらない身体の移動を生じるに足る力を込めて有形力を行使するものであると認められ、暴行の該当性を肯定できる」と判示した。このように、第7行為、第8行為ともに軽微な行為について特段の検討を加えることなく暴行罪の構成要件該当性を肯定し、軽微性を「犯情評価」として量刑の段階に位置付けた。

控訴審判決においても、「被告人の各行為が所論のいうような幼児教育の性質から社会通念上暴行に当たらないと評価されるようなものではなく、保育の上での正当な行為にも当たらないことは明らかである」とし、特段の事情を加えることなく暴行罪の構成要件該当性を肯定した。

第2項　父親がしつけ目的で有形力を行使した事案：仙台地裁令和2年判決[26]

この裁判例は、令和元年6月に被告人が妻と4歳の長男（A）と共に自動車でラーメンを食べに行った後、ラーメン店の駐車場で、運転席に座る被告人が、後部席の助手席付近にいた長男の左頬を引っ張るために、右手で一回長男の左頬をつまんだ行為につき暴行罪の成否が問われた事例である。構成

26）筆者はこの判決の判決文を入手できていない。事案の概要及び判決文の引用等はすべて、深町晋也「児童虐待に対する刑事的介入の限界と親の懲戒権」警察学論集74巻8号（2021）42頁以下をもとにしている。

要件該当性が認められた後、懲戒権の行使として刑法35条により違法性が阻却されないかについて検討され、最終的に暴行罪の成立が認められ、罰金5万円（求刑10万円）となった。この判決は、子に対する暴力が問題視される社会情勢の中で生じた、親権者がしつけ目的で行った子に対する軽微な有形力の行使が問題となった事例であるという点で、注目に値する。

裁判所は、構成要件該当性判断については、「左頬を引っ張るため、右手で1回Aの左頬をつまんだものと認定できる。……そして、本件行為はAに対する有形力の行使であることが明らかであって、暴行罪の構成要件に該当する」とし、特段の検討を加えることなく構成要件該当性を認めた。

第3項　母親が監護名目で有形力を行使した事案：東京地裁立川支部令和4年3月17日判決・LEX/DB 25605966、東京高裁令和4年9月30日判決・LEX/DB 25605967

本件は、仙台地裁令和2年判決と同様に、子に対する体罰、暴力の禁止が強く求められる風潮・社会情勢の中で、子に対する軽微な有形力の行使について判断された事案である。令和4年の民法改正期における裁判例であり、立法者の発するメッセージ性が、裁判所にどのように受け止められているのかという点で、注目に値する。また、従来の裁判例においては、「しつけ」や体罰による親の行為が懲戒権によって正当化されるか否かが中心に扱われて議論されてきた中で、本判決は子の監護を目的としたと主張される行為の違法性が問題となっている。そのため、「しつけ」や体罰を目的としない親の行為に対し、裁判所がどのような態度を示すのかという点でも意義がある。そのため、本章においては詳細に扱う。

本件は、ヘアバンドを顔面に当てる行為（「本件行為①」）と布団で巻く行為（「本件行為②」）についてそれぞれ暴行罪の成立が認められた事例である。本件行為①及び②の両方について、暴行罪の構成要件該当性が認められた後、親権の行使として刑法35条によって違法性が阻却されないかが検討された。第一審裁判所は暴行罪の成立を肯定した上で、懲役5月の求刑に対し、30万円の罰金とした。その後、控訴棄却、上告棄却を経て確定した。本稿では、特に軽微な態様によって行われた本件行為①について検討を加える[27]。

第3節　裁判例における構成要件該当性の判断について　147

1　事案の概要

（1）ヘアバンドを顔面に当てる行為（「本件行為①」）について

被告人は、喘息を患っていた当時2歳の実子Aの発作を予防するため、1日に2回、吸入器を使用して、Aに喘息の薬を吸入させていた。吸入の際、ゴムの付いたヘアバンドをAの頭部に巻き、そのゴムを吸入マスクに引っ掛けることで、吸入マスクをAの顔に固定していた。

令和2年某日、被告人は、自宅において吸入器を使用してAに喘息の薬を吸入させる際、Aの目元付近を覆っていたゴム付きのヘアバンドを、3回にわたり、手で引っ張って離し、吸入マスクの上からAの顔面の目付近に当てた。

判決書によると、被告人は、本件行為①に及んだ目的について、「Aに吸入器を当ててヘアバンドを付けたらAが泣き出し、何をしても泣き止まなかったので、咄嗟にヘアバンドをさらに2つ着けてみたところ、Aは急に静かになったが、ヘアバンドを着けていたためにAの表情は分からず、嫌がっているかどうかが分からなかったので、反応を確認するために、本件ヘアバンドを軽く引っ張って離してみた」という旨の供述をしており、弁護人はこの供述を前提に、「本件行為①は、Aが嫌がるような態様ではなく、被告人が、Aに喘息の薬を吸入させるに当たり、Aの反応を確認することを目的として行った行為であるから、身上監護権に基づく行為等であり、違法性が阻却される」と主張した。

（2）布団で巻く行為（「本件行為②」）について （判旨等省略）

令和2年他日午後8時50分頃、自宅1階リビングにおいて夫であるBと話し合いをしている最中にAが泣き出したことから、被告人はAが眠いのだと思い、2階のA専用の寝る部屋に連れて行った。被告人は2階の部屋で、泣き止まないAの身体を敷き布団で巻いた。

27）本件行為②については、拙稿「刑事判例研究30：幼児の顔面にヘアバンドを当てる行為及び幼児を布団で巻く行為につきそれぞれ暴行罪の成立が認められた事例（有罪・控訴）（東京地裁立川支部令和4年3月17日判決　2022WLJPCA03176007）」立命館法学407号（2023年）519頁以下をご参照いただきたい。

（3）事件発覚の経緯及び背景

本件行為②の後、Ａの様子がおかしいことに気づいた被告人が通報したことにより事件が発覚した。検察は本件行為②につき、暴行罪で被告人を起訴した。

本件行為②に関して押収された被告人のスマートフォンに本件行為①を撮影した動画が入っており、本件行為①はそれをもとに起訴されることとなった。

本件に関しては、日常的な虐待等といったものは確認されておらず、偶発的に起きた事故を端緒として警察が介入することになった事件であるといえる。

2　判旨（本件行為①の構成要件該当性に関する部分）

（1）第一審判旨

「被告人は、吸入器を使用してＡに喘息の薬を吸入させる際、ゴムの付いたヘアバンドを用いてＡの口元に吸入マスクを装着し、さらにＡの頭部及び顔面付近にヘアバンドを2つ巻き、そのうち、Ａの目元付近を覆っていたレースのヘアバンド（以下「本件ヘアバンド」という。）を、3回にわたり、手で引っ張って離して、吸入マスクの上からＡの顔面の目付近に当てたこと（以下「本件行為①」という。）が認められる。

本件行為①は、吸入マスクの上からではあるが、Ａの顔面の目付近にヘアバンドを当てて一定の衝撃を与えるものであり、Ａが本件行為①に対して特段の反応を示していないことや、本件ヘアバンドが柔らかい素材であることを考慮しても、人の身体に対する不法な有形力の行使に当たり、暴行罪の構成要件に該当する」。

（2）控訴審判旨

「所論は、第1行為が、ヘアバンドを、硬さのある素材でできた吸入マスクに当てたにすぎず、反復継続性のない偶発的で極めて軽微なもので、危険性等も全くない、などという。

しかし、第1行為は、顔面及び頭部にヘアバンド3本を巻き付けられ、うち1本で目を覆うなどされていたＡの目の付近に対し、3回にわたり、音を立てて、間接的とはいえ衝撃を加えるものであり、不法な有形力の行使と

して、暴行罪の構成要件に該当することが明らかである。このような評価は、ヘアバンドが柔らかい素材のものであり、Ａが特段の反応を示していないとの所論を踏まえても変わらない。」

3 　裁判所の本件行為①の構成要件該当性判断についての検討・分析

（1）第一審裁判所の判断について

　まず、本件行為①の行為態様について、裁判所は「吸入マスクの上から」、「本件ヘアバンドが柔らかい素材のものである」など、その態様が軽微なものであることを推認させる事情を認定している。また、侵害の程度についても、「Ａが本件行為①に対して特段の反応を示していない」と、２歳児が反応しない程度の侵害であることも認めている。しかし、裁判所はこのようにその行為態様及び侵害の程度が軽微ないし非常に軽微であることを示す事情を認めながらも、「Ａの顔面の目の付近にヘアバンドを当てて一定の衝撃を与えるものであり、……人の身体に対する不法な有形力の行使に当たり、暴行罪の構成要件に該当する」として、構成要件該当性を認める。これは、行為態様等の軽微性を認めつつも、目の付近への一定の衝撃という法益侵害（結果無価値）をもって構成要件該当性を肯定するに足りると評価したものと理解できる。

　この点について控訴審裁判所も、第一審裁判所の認定及び判断に不合理な点はなく、支持するとした上で、「しかし、第１行為は、顔面及び頭部にヘアバンド３本を巻き付けられ、うち１本で目を覆うなどされていたＡの目の付近に対し、３回にわたり、音を立てて、間接的とはいえ衝撃を加えるものであり、不法な有形力の行使として、暴行罪の構成要件に該当することが明らかである。このような評価は、ヘアバンドが柔らかい素材のものであり、Ａが特段の反応を示していないとの所論を踏まえても変わらない」と判示する。

　これらの裁判所の判示からは、本件事案において構成要件該当性を肯定する根拠として次の２つの要素が考えられる。

　第一は、ヘアバンドを当てた箇所が「Ａの顔面の目の付近」であるということである。つまり、暴行罪は身体の安全性をその保護法益とする[28]ところ、本件行為①は「顔面の目」という人の急所付近への物理力の行使であ

り、軽度のものであったとしても擦れて目に傷がつくなど比較的重大な結果が生じる可能性があるため、身体の安全性を脅かす程度は小さくないと第一審裁判所が判断したという考えがありうる。もっとも、本件行為①は「吸入マスクの上から」なされたものであり、そもそもAの目にヘアバンドが当たる危険が存在したのかは疑問である。

　第二は、本件行為①が「一定の衝撃」を与えるものであったということである。本件事案と同じく幼児に対する有形力の行使が問題となった福岡高裁令和3年判決[29]においても、「本件行為は、被害者に痛みを感じさせるようなものでなかったにしても、一定の衝撃を与えるものであったと認められる」と、「一定の衝撃」という語句が暴行罪の構成要件該当性を肯定する方向に作用するものとして用いられている。しかし、「一定の衝撃」という語句を暴行罪または傷害罪の認定に用いる裁判例は、調査した限りではこの福岡高裁令和3年判決しか知られておらず、「一定の衝撃」が指す内容及び程度は不明瞭である。

（2）控訴審裁判所の判断について

　この「一定の衝撃」について、控訴審裁判所は「音を立てて、間接的とはいえ衝撃を加える」と記しており、音を立てる程度に強力な衝撃を加えたということを示しているようにも理解できる。本件第一審判決以外で「一定の衝撃」という語句を用いる福岡高裁令和3年判決は、「被害者の近くにいた人には聞こえる程度の音が生じたこと」に言及する。しかし、どのような威力でどのような音が鳴るかは素材や表面積、構造等によって異なるのであり、強い衝撃でもほとんど音が鳴らないこともあれば、非常に弱い衝撃でも大きな音が鳴ることもあるため、音が立つことは衝撃の強度と必ずしも連動しない。また、そもそもこの福岡高裁令和3年判決は「平手で服の上から叩いた」事案であり、被告人の平手と被害者の腰付近が服一枚を挟むとはいえほとんど直接ぶつかった衝撃で音が鳴っているのに対し、本件では硬い吸入

28）浅田和茂・井田良編『新基本法コンメンタール刑法［第二版］』（日本評論社、2017年）449頁〔勝亦藤彦〕。

29）ただし、上述のように本件とは違い被害者と被告人は何の関係性もない他人である上に、この福岡高裁令和3年判決自体も暴行罪の構成要件該当性が認められたことに疑問があるとされる事案である。

マスクとヘアバンドがぶつかった衝撃で音が鳴っている。本件第一行為により衝突面に「音を立て」る程度の一定の衝撃が発生したとしても、それは硬い吸入マスクに与えられた衝撃であり、被害者に伝わる衝撃はそれより遥かに弱い程度のものとなる（例えば、腕に装着した腕時計の文字盤に、強くデコピンをして大きな音を立てたとしても、腕に伝わる衝撃はごくわずかなものだろう）。

　そうすると、結局は「音を立てて」という控訴審裁判所の判示でも、被害者に加わった衝撃の程度については不明瞭であるといえよう。

　仮に暴行罪の構成要件該当性を客観面のみから考慮するとしても、暴行罪の保護法益が身体の安全である以上、本件のように非常に軽微な事案においては実際に加えられた衝撃の大きさとそれが実際に身体に与える危険の大きさをきちんと考慮するべきであって、控訴審裁判所は「暴行罪の構成要件に該当することが明らかである」とするのみで、その考慮を怠っているとさえいえよう。本件では、目は隠れており、目に当たる可能性はほとんどなかった上に、客観的にあらわれている衝撃の程度の徴憑としては、わずか２歳のＡが本件行為①に対して特段の反応を示していないということが全てであろう。

（３）**本件行為①についての裁判所の構成要件該当性判断に関する小括**

　以上のように、第一審裁判所及び控訴審裁判所は、本件行為①について、従来であれば暴行罪の構成要件該当性が認められたのか疑問の残る、それ自体は非常に軽微といえる有形力の行使に対して暴行罪の構成要件該当性を認めたものであるといえよう。特に、その判断については「一定の衝撃」が一つのメルクマールとなるようにみえるが、その意味内容は明らかではない。単に「一定の衝撃」というのみであれば、ありとあらゆる物理力の行使について「一定の衝撃」が存在するといいうるのであり、仮にその存在が暴行罪の構成要件該当性を認める重要な要素となりうるのであれば、処罰範囲が拡大していくおそれは否定できないだろう。

第４節　裁判例における違法阻却事由の判断について

　本節では、前節第２款において扱った３つの裁判例の判決の中で、違法阻

却事由についてそれぞれ判断が行われた箇所について分析・検討する。

第1項　保育士が監護及びしつけの目的で有形力を行使した事例：福岡地裁令和4年判決、福岡高裁令和4年判決

　第一審裁判所は、上述のように構成要件該当性を認めた後、被告人の行為が正当行為として違法性が阻却されるかという点について、①目的の正当性、②手段の相当性を検討し、第7行為、第8行為ともに「被告人の暴行が、正当行為に当たるとして違法性を否定すべきものとはいえ」ないとして暴行罪の成立を認めた。控訴審裁判所は違法性について「保育の上での正当な行為にも当たらないことは明らかである」とのみ述べ、第一審裁判所の判断を支持した。

1　第一審裁判所の第7行為についての違法性判断

　本判決では、まず、①目的の正当性について、「配膳時の危険除去等の真っ当な狙いがあった」として、監護目的を認めている。次に、②手段の相当性については、「当時5歳という幼少のGに対し、その着衣を乱しつつ、姿勢を大きく崩しかねない程度の力を込めて不意に身体の移動をさせるものであり、成人であっても威圧され、屈辱を覚えるのが通常とみられる態様」など、年齢及び行為態様について触れた上で、「まずは口頭で適切な対処を促した上、それが功を奏しないのなら園児の身体に手を添えるなどし、声掛けを続けながら望ましい動きを漸次促す働き掛けをすべき」であるとして、より侵害的でない代替手段が存在することを指摘することで、相当性が否定されるという結論を導く。

2　第一審裁判所の第8行為についての違法性判断

　第一審裁判所は第8行為についても、①目的の正当性については「挨拶を遂げさせるという真っ当な狙いがあった」として、教育目的を認めている。一方、②手段の相当性については、「幼少のHが威圧されかねない態様の行為」として年齢及び行為態様に触れた上で、「手順を追って試みられるべき働き掛けが不可能であったとの評価に値する事情はなく、試みの省略が許容されるほどの危険の存在等が認められない」として、より侵害的でない代替手段の存在を指摘することで、相当性が否定されるという結論を導く。

第4節　裁判例における違法阻却事由の判断について　153

3　若干の分析

本判決は、第7行為に監護目的、第8行為に教育目的を認めた上で、いずれについてもより侵害的でない代替手段の存在を理由に違法性の阻却を否定する。これは、より侵害的でない他の手段が存在する場合にはそちらを選ばなければならないということであり、監護及び教育についての保育士の裁量を限定的に理解するものであると評価できる。

第2項　父親がしつけ目的で有形力を行使した事案：仙台地裁令和2年判決

裁判所は、上述のように構成要件該当性を認めた後、被告人の行為が懲戒権の行使として刑法35条によって違法性が阻却されるかという点について、①目的の正当性、②手段の相当性、③法益侵害の程度を考慮し、「本件行為は、目的の正当性こそ否定されないものの、手段の相当性を欠き、かつ、軽微なものともいえないのであるから、懲戒権の行使としての正当行為（法令行為）には該当せず、その違法性は阻却されないというべきである」として暴行罪の成立を認めた。

本判決では、まず、①目的の正当性については「このようなしつけ目的は、それ自体では正当である」として認めた。

次に、②手段の相当性については、子及び加害者の年齢、体格差等から、「AをXの方に向かせるために有形力を行使するというのは、いかにも過剰な対応といえる」という結論を導いており、年齢・体格等の要素を、相当性を否定する方向で作用するものとして考慮している。また、「より穏当な方法も考えられるにもかかわらず、有形力の行使としての最初の手段が引っ張るために顔面をつまむというのも、乱暴な態様というほかない」として、説得等のより侵害的でない代替手段が存在することも、相当性を否定する要素として考慮している。そして、③法益侵害の程度については、「あざの残るような強度のものではなかった」としつつも、体格の良い父親から顔面をつままれるという体験自体が「恐怖を覚える心理的に過酷な体験といえる」として、被害者の心理面を考慮した上で軽微性を否定している。

以上の考慮要素のうち、より侵害的でない代替手段の存在を相当性を否定

154   第5章　子に対する軽微な有形力行使に関する近時の裁判例の傾向

する要素として考慮する点については、東京高裁昭和56年判決[30]において前提とされた懲戒についての自由裁量を相当程度狭くするものであるとの評価もある[31]が、この評価は正当である。なぜなら、親権者は子の将来の発育や従前の経過まで考慮して、比較すると侵害的ではあるが、より侵害的でない手段と比較して得られる教育効果が高いと考えられる手段や、その場に限った視点でみれば侵害性・教育効果の点で最善とはいえない手段も採りうるのであり、より侵害的でない手段の存在を相当性を否定する要素として考慮するのであれば、このような親権者の子に対する教育にあたっての手段選択の裁量を一定の範囲で否定することになるからである。

第3項　母親が監護名目で有形力を行使した事例：東京地裁立川支部令和4年判決、東京高裁令和4年9月30日判決

1　判旨（本件行為①の違法阻却事由に関する部分）

（1）第一審判旨

「幼児を監護するに当たっては、嫌がることをさせたり、やってはいけないことをさせないようにするためなどの目的で、有形力を行使する必要がある場面がある。それらの有形力の行使は、当該行為の目的、必要性、態様等を考慮して社会通念上相当といえる範囲の行為であるといえるときには、身上監護権に基づく正当行為（刑法35条）として、違法性が阻却される場合があると考えられる」。

「被告人が本件行為①に及んだ際、Ａは、吸入マスクを着用して大人しく座っていたことが認められ、泣き止んだＡの顔面にヘアバンドを当てれば、かえって、Ａが驚いて再び泣き出す可能性も否定できない。Ａがヘアバンドを嫌がっているかを確認するためなどという、本件行為①に及んだ目的に関する被告人の供述自体直ちには信用できないし、Ａの心情を確認する必要があったとしても、Ａの顔面を覆っているヘアバンドをずらして表

30）仙台地裁令和2年判決は、児童に対する暴力に関する立法の経過や社会情勢について触れた上で、東京高裁昭和56年判決について「場面と時代を大きく異にし、本件の参照判例として適切ではない」と指摘する。

31）深町・前掲注26）71頁。

情を確認するなどの方法をとれば足りるのであって、あえて本件ヘアバンドを引っ張って A の顔面に当てる必要性はない」。

「以上から、本件行為①は、A に喘息の薬を吸入させることを目的とした行為であったとは考え難く、その必要性も認められない。有形力行使の態様は軽微であることを考慮しても、本件行為①は、子を監護するに当たっての有形力行使として社会通念上相当な行為とはいえないから、身上監護権に基づく正当行為に該当せず、違法性は阻却されない」。

（2）控訴審判旨

「所論は、第1行為について、ヘアバンドを着用した A の様子を確認するための行為であったとか、愛情表現であり親子間のコミュニケーションであったとかいうが、客観的な行為態様及び被告人が母親に送信したメッセージの内容に照らし、所論のようには評価できない。

そうすると、幼児を監護する親には広い自由裁量が認められるべきであるとの所論を踏まえても、第1行為について、子を監護するに当たっての有形力行使として社会通念上相当な行為とはいえず、身上監護権に基づく正当行為に該当しない、とした原判決の判断が不合理であるとはいえない」。

2　裁判所の本件行為①の違法性判断についての検討・分析

（1）第一審裁判所の判断について

本件第一審裁判所は、違法阻却事由の判断にあたって、目的の正当性及び、手段の相当性（行為の必要性及び行為態様）を検討し、「子を監護するに当たっての有形力の行使として社会通念上相当といえる範囲を逸脱」しているか否かを判断基準としている。

本件行為①の違法阻却事由の検討において、裁判所は、目的の正当性について「喘息の薬を吸入させることを目的とした行為であったとは考え難」いとして弁護側の主張する身上監護目的を否定する。次に、手段の相当性については「有形力行使の態様は軽微」としながらも、「A は、吸入マスクを着用して大人しく座っていた」という、本件行為①がなくとも監護が可能であったという評価を導きうる事実と、「ヘアバンドをずらして表情を確認するなどの方法をとれば足りる」という、より侵害的でない代替手段の存在を、相当性を否定する要素として考慮し、結論として相当性を否定して

いる。

　より侵害的でない代替手段の存在については、仙台地裁令和2年判決（「より穏当な方法も考えられるにもかかわらず」）や福岡高裁令和3年判決（「他にも相当かつ現実的な手段はとり得た」）、福岡地裁令和4年判決においても、それぞれ違法性及び構成要件該当性を肯定する要素として考慮されており、本判決における判断もこれらの裁判例における姿勢と合致するものである。もっとも、福岡高裁令和3年判決は被害者と被告人には何の関係性もなく、被告人は被害者に対して何らの身上監護に関する権限を有さず、福岡地裁令和4年判決は保育の場で養育をする関係に過ぎず、その裁量は親権者に比して狭いのであるから、幅広い自由裁量が前提となる親子関係が存在する本件とは事案を異にする。また、仙台地裁令和2年判決は本件と同様に被害者と被告人との間に親子関係が存在するが、同判決はしつけに際する有形力の行使という、児童虐待防止法や民法の改正においてまさに問題視されてきた場面であったのに対し、本件は子を監護するに際して生じた有形力の行使であり、こちらも事案を異にするものである。

　また、身体的懲戒としての有形力行使についての仙台地裁令和2年判決が「親の懲戒権における裁量性を少なくとも身体的懲戒については相当程度限定し、処罰範囲を拡張するもの」と評価される[32]ところ、この第一審判決は、身体的懲戒でない親の有形力の行使についても、親の裁量性を従来よりも限定するものと評価することができる。

（2）控訴審裁判所の判断について

　一方、控訴審裁判所は、「所論は、第1行為について、ヘアバンドを着用したＡの様子を確認するための行為であったとか、愛情表現であり親子間のコミュニケーションであったとかいうが、客観的な行為態様及び被告人が母親に送信したメッセージの内容に照らし、所論のようには評価できない」として、「幼児を監護する親には広い自由裁量が認められるべきであるとの所論を踏まえても、第1行為について、子を監護するに当たっての有形力行使として社会通念上相当な行為とはいえ」ないとする。これは、行為の目的

32）深町・前掲注26）71頁。

が監護目的以外にあることをもって、本件行為①の正当行為該当性を否定するものであると理解できる[33]。

もっとも、一般的に身上監護目的と他の目的や感情は併存しうるものである。例えば、午後8時半の時点で、もうすぐ長男が塾から帰ってくるので、その晩御飯を用意するために、2歳の次男の歯磨きを早く終わらせたくて、嫌がる次男を押さえつけて歯を磨いたという場合においては、長男の夕食の準備という次男の監護以外の目的と、次男の歯磨きという次男の監護目的が併存しうる。同様に、歯磨きがうまくいかないもどかしさや、歯磨きを嫌がる子供への苛立ちといった感情も身上監護目的と併存するのが子育てにおける通常であり、これを認めないのであれば、親は自身が苛立ちを感じた場合にはおよそすべての育児の遂行を中断しなければならなくなり、親権者に過度の萎縮を招き、育児に勤しむ親を不当に追い詰める結果になりかねない。それは、児童虐待防止法及び民法の改正の意図に反するだろう。

控訴審裁判所は被告人の自身の母親へのメッセージを、被告人が身上監護目的を有していたことを認めない根拠の一つとする。しかし、上述の通り身上監護目的と他の感情や目的は両立しうるのであり、仮にメッセージから何らかの感情や目的が推認できるとしても、それを理由に直ちに身上監護目的の存在を否定し正当行為該当性を認めないとする控訴審裁判所の判断には疑問が残る。

（3）本件行為①についての裁判所の違法性判断に関する小括

以上のように、第一審判決は監護目的を否定した上で、より侵害的でない代替手段の存在を理由に手段の相当性も否定している。特に後者については親権者の裁量性を相当程度制限するものであり、処罰範囲の拡張をもたらしうるものであると評価できる。また、控訴審判決は親権者の自由裁量を前提としても監護目的が否定されるとして正当行為に該当しない旨判示する。監

33）芥川・前掲注8）86頁は、「親子間のコミュニケーション」との主張は暴行該当性の判断において重要な意義を持つと指摘する。なお、本稿の理解では「親子間のコミュニケーション」との主張は子の監護に関する事柄であるため、正当化の判断においても意義を持ちうる主張である。Bグループに属する本判決においては、裁判所は「親子間のコミュニケーション」を目的とするものであるという事情を、「身上監護権に基づく正当行為」該当性という違法性段階で考慮すべき事情として位置付けたものと理解することができる。

護目的が存在しない場合に親権の行使として認められないとすることは第4章で述べた本稿の立場と整合するものではあるが、監護目的を否定する理由には疑問の余地がある。

第5節　小　括

　本章で検討した4つの裁判例は、いずれもそれ自体は起訴すべきであったのか疑わしい非常に軽微な有形力の行使について暴行罪の成立を肯定するものであり、児童虐待の問題が社会的に注目される現代社会における、児童に対する暴行事案についての裁判所の厳格な態度が現れている事例といえよう[34]。特に、東京地裁立川支部令和4年判決における本件行為①についての判断は、構成要件該当性段階、違法阻却段階の両段階において処罰範囲の拡張をもたらすものであるといえる。

　なお、一連の裁判例はいずれも未就学児に対して有形力が行使されたものであり、対象が小学生以降の場合にも同様に判断されるのかについては今後注目すべきである。

　これらの裁判例は、侵害的でない代替手段が存在する場合にはその方法によるべきとする。もっとも、例えば親が子とコミュニケーションをとろうとするとき、頬を軽くつついたりお腹を3秒ほどくすぐったりするといったコミュニケーションよりも、会話や手を繋ぐといったコミュニケーションの方が「有形力の行使」を伴わない「より穏当な方法」ではあるが、前者のコミュニケーションも親の裁量の範囲内にあることは疑いようがない。「本当にそれをする必要があったのか」といえるほどに侵害的な親の措置に対しては、より侵害的でない手段の有無は監護教育の手段としての相当性を判断する際のメルクマールとなりうるかもしれないが、育児は必ずしも直ちに必要とまではいえない行為の積み重ねであり、普段の軽微な有形力の行使につい

34）かつて、拙稿「親の子に対する措置とその可罰性について（4）・完」法学論叢191号1巻（2022年）138頁（2021年脱稿）の「結語」において「許されない境界線上にある軽微なものであれば実際に検挙され起訴されることは考え難いことから、親の措置が刑法上許される限界を特定しようという本稿の試みそのものに対する疑問もあるかもしれない」と記述したが、現在まさにこのような事案が起訴され有罪とされるに至っている。

第 5 節　小　括　　159

てまでそれを判断のメルクマールとすることは疑問である。

　そもそも、体罰禁止の法改正においては、改正の持つメッセージ性が意識されており、処罰範囲の拡張は意図されていない。また、しつけや懲戒による暴行事案において、親権の行使等により正当化し無罪を宣告することは、体罰禁止の持つメッセージ性を弱めるおそれがあることは否定できない[35]ものの、東京地裁立川支部令和 4 年判決はしつけや体罰を目的としてなされた有形力の行使ではなく、法改正における体罰禁止のメッセージの対象であるとは言い難い事案であった。

　子に対する親の暴力に厳格に対処し、子の利益を保護することは極めて重要であることに疑いの余地はないが、一方で処罰範囲の過度の拡張は、育児に苦悩する親を「追い込む」ことになりかねず[36]、結果として子の福祉に資さない可能性もあるため、これらの判決における処罰範囲の過度の拡張を招くとも評価しうる判断には疑問が残る。

　もっとも、これらの裁判例は同種の問題についてのいわば萌芽期における判断であり、今後の裁判所の動向が注目される。

35）深町・前掲注26）71頁。
36）深町・前掲注26）72頁同旨。

おわりに

　本稿では、親の懲戒権の行使として許される範囲ないし親の措置がどこまで許されるのかを明らかにすることを目標として議論してきた。第1章では懲戒権・親権に関する刑法上及び民法上についての議論を概観した。特に民法上の議論については、明治期の懲戒権規定から令和4年民法改正によるものまで幅広く概観し、議論の土台を得た。第2章では、なお懲戒権規定が残る教師の懲戒権と民法上から削除された親の懲戒権についての関係性について検討・分析した後、教師の懲戒権行使が問題とされる裁判例について検討し、その傾向を明らかにした。第3章では、体罰の禁止が明文で規定されたドイツにおける議論のうち代表的なものについて検討した。そして、第4章ではそれらを基とし、親の措置の限界を明らかにすることを試みた。そこでは、措置の目的によって監護目的と教育目的に分類した上で、監護・教育に必要な範囲の検討においては優越的利益の保護による解決を、軽微な措置については可罰的違法性の否定による解決を示した。そして最後に、第5章では子への有形力の行使が問題とされた近時の裁判例の検討を通じて、その傾向及び処罰範囲の拡張という新たに生じている問題について確認した。

　第4章で示した本稿の見解による処理を最後にもう一度確認すると、おおよそ次の通りである。まず、監護・教育目的でなされた親の措置が軽微である場合には、可罰的違法性が否定されうる。可罰的違法性が否定されないものについては、監護・教育に必要な範囲内の措置であれば、刑法35条によって違法性が否定される。親の措置が体罰に該当する場合には、当該措置は監護・教育に必要な範囲を超えることになり、刑法35条による違法阻却はなされない。そのため、可罰的違法性が否定されない場合には、既遂犯が成立することとなる。体罰に該当しない軽微でない監護・教育目的の措置も、監護・教育に必要な範囲を超える場合にはもはや刑法35条による違法阻却がなされず、故意既遂犯が成立しうる。一方で、監護・教育目的は存在しないが、親の措置が事後的・客観的に見て監護・教育に必要な範囲内のものであるといえる場合には、結果不法が否定されるため、未遂犯処罰規定が存在す

る場合に未遂犯の限度で犯罪が成立することとなる。また、親に監護・教育目的があったとしても、自己の行為が体罰その他の監護・教育に必要な範囲を超える措置に該当する認識がある場合には、故意既遂犯が成立しうる。

しかし、第5章で示したように、近時の裁判例は極めて軽微な有形力の行使に対しても構成要件該当性を認め、より侵害的でない代替手段がある場合には監護教育手段の相当性を否定し、違法阻却を認めない傾向にあり、処罰範囲が拡張されるおそれがある。

現在、体罰に対する見方が厳しくなってきており、昭和の時代には当然のこととして許されていたような親の措置であったとしても、子に対する悪影響を考慮して禁止する方向へと移り変わっている。今はまさに新しい価値観への過渡期であるといえる。親の措置の許容される範囲は健全な社会常識によって左右されうるものであるところ、本稿ではこの新しい価値観を意識し、親の措置の限界を明らかにしようとした。そして、社会的に相当とされるものが変遷する中で、本稿においては感覚的に当然とされてきたものを可能な限り言語化しようとした。一方で、この新たな社会通念・社会常識とされるものを過度に強調することで、親を追い詰め、かえって子の福祉に適わない結果に陥るのではないかということに対して危惧感を示した。

もっとも、本稿においては違法性の本質にもかかわる刑法35条や可罰的違法性に関して、許容される範囲を、理論的根拠をもって追究するという作業をなしえていないため、本稿は過渡期における一つの方針の提案に過ぎないともいえるだろう。また、不適切な養育が常態化している場合における因果関係の問題や包括一罪に関する問題、立証上の課題など、本稿では触れずに未解決のまま残した問題も多い。

しかし、社会的に相当とされるものが激動する現在の社会において、感覚的に当然とされていたことを改めて言語化することは、その内容の当否巧拙にかかわらず、さらなる議論のきっかけとして生産的であり、あるいは社会的な価値観の激動に流されないための碇として必要であると考えている。

少子高齢化が進み子育ての推進が社会課題として叫ばれる一方、核家族

化、初産年齢の高齢化が進み、共働き世帯が増加する現代においては、育児に割くことができるリソースが人手的にも体力的にも、そして時間的にも限られている。また、今の子育て世代は、自分たちが育った頃と現在とで社会の常識が大きく異なっている。子供の頃、夕方のテレビアニメで「お仕置き」として描写されていた母親の「げんこつ」は、大人になった今、許されない暴行事件として夕方のニュースで報道される。

　そうした社会の中で、親として許される措置の範囲とその理由を示そうとする本稿の営みが、間接的にでも子育てをする親や子の役に立てば僥倖である。

著者略歴

杉 本 拓 海（すぎもと たくみ）

1991年　大阪府大阪市に生まれる
2015年　京都大学法学部卒業
2020年　京都大学大学院法学研究科博士後期課程修了
　　　　博士（法学）
現　在　大阪経済法科大学法学部准教授

親権の行使とその可罰性

2025年 3 月10日　初版第 1 刷発行

| 著　者 | 杉　本　拓　海 |
| 発行者 | 阿　部　成　一 |

〒169-0051　東京都新宿区西早稲田1-9-38
発 行 所　　株式会社　成 文 堂
電話03（3203）9201㈹　FAX03（3203）9206
https://www.seibundoh.co.jp

製版・印刷　藤原印刷　製本　弘伸製本　　　　検印省略
© 2025 T. Sugimoto　Printed in Japan
ISBN978-4-7923-5441-1 C3032

定価（本体3700円＋税）